NO. 01

一字漢字の読み①

1 次の太字の漢字の読みがなを書きなさい。（5点×20）

(1) 足《あし》腰《こし》を**鍛**える。

(2) 円をドルに**換**える。

(3) **柄**の長いモップでふく。

(4) 古い木が**朽**ちる。

(5) **魂**を込《こ》めて彫《ほ》る。

(6) 他国の領土を**侵**す。

(7) 肩《かた》に手を**掛**ける。

(8) いろいろ工夫を**凝**らす。

(9) **姫**を守る兵士。

(10) 自分の立つ**瀬**がない。

(11) **既**に解決した事件。

(12) 麦の**穂**が実る。

(13) 名選手の引退を**惜**しむ。

(14) 赤飯を**炊**いて祝う。

(15) **幅**の広い道路を通る。

(16) 忘れ物をして**慌**てる。

(17) 風で木々が**揺**れる。

(18) 球根を土に**埋**める。

(19) なべの底が**焦**げる。

(20) 牛を**綱**でつなぐ。

得点UP

1 (6) 「侵」と形が似ている「浸」の訓読みは、「ひた（す）」。
(20) 「綱」は、「網（あみ）」との形の違《ちが》いに注意する。

一字漢字の読み②

点

合格点：80点／100点

1 次の太字の漢字の読みがなを書きなさい。（5点×20）

(1) 友人を遊びに**誘**う。

(2) **穏**やかに一日を過ごす。

(3) 重い病に**冒**される。

(4) 湯気でタオルが**湿**る。

(5) 教室の床《ゆか》をほうきで**掃**く。

(6) **緩**やかな川の流れ。

(7) 鉛筆《えんぴつ》をナイフで**削**る。

(8) 大きな**炎**が上がる。

(9) 大河が二つの国を**隔**てる。

(10) 白地図に色を**塗**る。

(11) よい雰囲気《ふんいき》が**漂**う。

(12) 土の**塊**を細かく砕《くだ》く。

(13) **辛**いスープを飲む。

(14) ズボンのすそを**縫**う。

(15) 怠《なま》けた生活を**戒**める。

(16) **侍**が活躍《かつやく》した時代。

(17) 去年より身長が**伸**びる。

(18) 木の**苗**を植える。

(19) **硬**い宝石を加工する。

(20) 音楽で気を**紛**らす。

得点UP

1 (9) 「隔てる」は、「二つの物を遮《さえぎ》る。遠ざける」の意味。「融」との形の違《ちが》いにも注意する。
(17) 「伸びる」は、同訓異字の「延びる」との意味・用法の違いに注意。時間・期間に関するときは「延」。

一字漢字の読み③

月　日

点

合格点：80点／100点

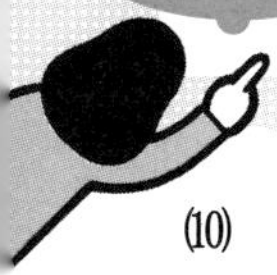

1 次の太字の漢字の読みがなを書きなさい。（5点×20）

(1) 木版画を**彫**る。
(2) 飛行機で国境を**越**える。
(3) **哀**れな子犬に同情する。
(4) 大きな**滝**を見上げる。
(5) 悪い**癖**を直す。
(6) **影**も形も無くなる。
(7) 古着を**裂**いて再利用する。
(8) **裸**の赤ん坊《ぼう》を抱《だ》く。
(9) 外国に使者を**遣**わす。
(10) 一位の座を**奪**われる。
(11) 褒《ほ》められて**悦**に入《い》る。
(12) **扇**を持って舞《ま》い踊《おど》る。
(13) **鶏**が卵を産む。
(14) **愚**かな行《こう》為《い》を戒《いまし》める。
(15) 問題が解けるまで**粘**る。
(16) 鳥を**脅**して追い払《はら》う。
(17) カメラで風景を**撮**る。
(18) **沖**に出て魚を釣《つ》る。
(19) **乏**しい資金を補う。
(20) 老人に席を**譲**る。

得点UP
1 (8)「裸」の部首は、「衤（ころもへん）」。衣服に関係がある言葉であることから覚える。
(11)「悦に入る」は、「うまくいって満足する」の意味。

一字漢字の読み④

点
合格点：80点／100点

1 次の太字の漢字の読みがなを書きなさい。（5点×20）

(1) 先生のお話を**伺**う。
(2) 船から荷を**揚**げる。
(3) なるべく塩分を**控**える。
(4) 落ち込《こ》む友人を**励**ます。
(5) 文字を書き**殴**る。
(6) 球が**弧**を描《えが》いて飛ぶ。
(7) 悪天候を**恨**む。
(8) 王女が**婿**を探す。
(9) 商品を店舗《てんぽ》に安く**卸**す。
(10) **怪**しい人《ひと》影《かげ》に驚《おどろ》く。
(11) 古代に**滅**びた文明。
(12) 大きな成長を**遂**げる。
(13) 道路工事を**請**け負う。
(14) **憩**いのひとときを過ごす。
(15) **巧**みな表現を使う。
(16) **腕**ずくで相手を負かす。
(17) **墨**で絵を描く。
(18) 新入社員を**雇**う。
(19) 犬が地面に**伏**せる。
(20) 川に丸木橋を**架**ける。

得点UP

1 (6)「弧」は、同音異字の「孤」との形の違《ちが》いに注意する。
(20)「架ける」は、同訓異字の「掛ける」との意味・用法の違いに注意。橋などを渡《わた》すときは「架」。

一字漢字の読み⑤

月　日

点

合格点：80点／100点

1 次の太字の漢字の読みがなを書きなさい。（5点×20）

(1) 着物の帯を**締**める。（　　）

(2) **華**やかなドレスを着る。（　　）

(3) 楽器の演奏を**聴**く。（　　）

(4) 寺院の**鐘**が鳴り響《ひび》く。（　　）

(5) すき間から光が**漏**れる。（　　）

(6) **杯**に酒を注ぎ入れる。（　　）

(7) のどの痛みを**伴**う風邪《かぜ》。（　　）

(8) 年老いて体力が**衰**える。（　　）

(9) 水平線から朝日が**昇**る。（　　）

(10) 病気の弟を**慰**める。（　　）

(11) 悲《ひ》惨《さん》な戦争を**憎**む。（　　）

(12) 自然の大切さを**悟**る。（　　）

(13) 退《たい》屈《くつ》な映画に**飽**きる。（　　）

(14) 教えを**肝**に銘《めい》じる。（　　）

(15) ゴム風船が**膨**らむ。（　　）

(16) **袋**にお菓《か》子《し》を詰《つ》める。（　　）

(17) クラスの目標を**掲**げる。（　　）

(18) 備えあれば**憂**いなし。（　　）

(19) **冠**をかぶり直す。（　　）

(20) 豪《ご》雨《う》で土手が**崩**れる。（　　）

得点UP

1 (7)「伴う」は、「一緒《いっしょ》について行く。別の物事が一緒に起こる」の意味。送りがなにも注意。
(11)「憎」は、「増」「贈」とのへんの違《ちが》いに注意。それぞれ訓読みが異なる。

一字漢字の読み⑥

点

合格点：80点／100点

1 次の太字の漢字の読みがなを書きなさい。（5点×20）

(1) 雨の**滴**を集める。（　　）
(2) 意志を最後まで**貫**く。（　　）
(3) 多くの財産を**蓄**える。（　　）
(4) **幻**のように消え去る。（　　）
(5) 雑誌をひもで**縛**る。（　　）
(6) ぶどうの**房**を収穫《しゅうかく》する。（　　）
(7) 目が**粗**いざるでふるう。（　　）
(8) **菊**の花を供える。（　　）
(9) 災害の影響《えいきょう》を**被**る。（　　）
(10) **豚**の肉を焼いて食べる。（　　）

(11) **鯨**が潮を吹《ふ》く。（　　）
(12) 新春の**寿**を述べる。（　　）
(13) **賢**く作業を進める。（　　）
(14) 長い**髪**を結ぶ。（　　）
(15) 今までの人生を**顧**みる。（　　）
(16) 感情の高ぶりを**抑**える。（　　）
(17) 害虫が作物の生長を**妨**げる。（　　）
(18) 船が**帆**を揚《あ》げる。（　　）
(19) マッチを一本**擦**る。（　　）
(20) 気の**赴**くままに旅する。（　　）

得点UP

1 (3) 「蓄」は、「くさかんむり」のない「畜」と間違《まちが》えやすい。「畜」は、「家畜《かちく》」のような使い方がある。
(20) 「赴く」は、「ある場所や状況《じょうきょう》に向かう」の意味。「赴任《ふにん》」の「赴」。送りがなにも注意。

月　日

熟語の読み①

点

合格点：80点／100点

1 次の太字の漢字の読みがなを書きなさい。（5点×20）

(1) **郊外**の牧場に向かう。

(2) **幼稚**な考え方を正す。

(3) 動物の**虐待**を防ぐ。

(4) 友人と再会し、**抱擁**する。

(5) そっくりな**双子**の姉妹。

(6) 命が**母胎**に宿る。

(7) 人物の**輪郭**を描《えが》く。

(8) **孤独**な作業を続ける。

(9) 弱点を**克服**する。

(10) **家畜**を大切に育てる。

(11) 古い**炭坑**を閉鎖《へいさ》する。

(12) **獄中**で手記を書く。

(13) **悔恨**の念に駆《か》られる。

(14) 目の**錯覚**を利用する。

(15) **漏斗**で液体を注ぐ。

(16) 天の**啓示**を受ける。

(17) 短い**随筆**を読む。

(18) **皇帝**が即《そく》位《い》する。

(19) 食パンを**一斤**買う。

(20) 調査を**委託**する。

得点UP

1 (4) 「抱擁」は、「抱《だ》きしめる」の意味。「抱」「擁」とも「抱く」という意味がある漢字。
(19) 「斤」は、「片（ヘン・かた）」「斥（セキ）」との形の違《ちが》いに注意する。

熟語の読み②

点

合格点：80点／100点

1 次の太字の漢字の読みがなを書きなさい。（5点×20）

(1) 条件に**該当**する人物。（　　）
(2) 会計の**帳簿**をつける。（　　）
(3) **巧妙**な手口の犯罪。（　　）
(4) **錠剤**を飲む。（　　）
(5) 寒さが**緩和**する。（　　）
(6) 栄養を**摂取**する。（　　）
(7) **海賊**を懲《こ》らしめる。（　　）
(8) 権力を**掌握**する。（　　）
(9) 自然の**脅威**を感じる。（　　）
(10) 犯人を**逮捕**する。（　　）
(11) 人々を**餓死**から救う。（　　）
(12) 電池を**交換**する。（　　）
(13) 失敗して**落胆**する。（　　）
(14) **不吉**な予感がする。（　　）
(15) **窒素**を含《ふく》む物質。（　　）
(16) 大きな**負債**を抱《かか》える。（　　）
(17) 豆を**発酵**させた食品。（　　）
(18) 救急車が**疾走**する。（　　）
(19) 決勝戦で**雪辱**を果たす。（　　）
(20) 古代ローマ時代の**騎士**。（　　）

得点UP

1 (3)「巧」は、同音の「功」と間違《まちが》えやすい。「功」は、「功績」「成功」のような使い方がある。
(19)「雪辱」は、「恥《はじ》をそそぐ」の意味。「雪」に「そそぐ。消し去る」という意味がある。

START　GOAL

熟語の読み③

月　日

点

合格点：80点／100点

1 次の太字の漢字の読みがなを書きなさい。（5点×20）

(1) **暫定**の予定表を作る。（　　）

(2) **哲学**の勉強をする。（　　）

(3) **冗談**を言って笑わせる。（　　）

(4) **匿名**で募《ぼ》金《きん》をする。（　　）

(5) **福祉**にかかわる仕事。（　　）

(6) **陶芸**を体験する。（　　）

(7) 残金を**勘定**する。（　　）

(8) **魅力**のある人物。（　　）

(9) **空虚**な議論をやめる。（　　）

(10) 古い制度を**排斥**する。（　　）

(11) よい**待遇**で入団する。（　　）

(12) 正しい答えを**選択**する。（　　）

(13) 能力の**欠如**を補う。（　　）

(14) **符号**を読み取る。（　　）

(15) 旅行を**満喫**する。（　　）

(16) しみじみと**感慨**に浸《ひた》る。（　　）

(17) ガレージに**駐車**する。（　　）

(18) にぎやかな**宴会**が続く。（　　）

(19) **岐路**に立たされる。（　　）

(20) 雪の**結晶**を観察する。（　　）

得点UP

1 (1)「暫」は、同じ部分のある「漸」と間《ま》違《ちが》えやすい。「漸」の音読みは、「ゼン」。

(15)「喫」から「くちへん」を除いた「契」の音読みは、「ケイ」。「喫」とは読み方が違うので注意。

熟語の読み④

点

合格点：80点／100点

1 次の太字の漢字の読みがなを書きなさい。（5点×20）

(1) 狭《せま》い道を**徐行**する。

(2) 漢詩を**朗詠**する。

(3) 文の誤りを**訂正**する。

(4) 詩作に**没頭**する。

(5) 顕《けん》微《び》鏡《きょう》で**細胞**を見る。

(6) 強い**衝撃**を受ける。

(7) **南蛮**から伝来した文化。

(8) 弁護士と**契約**を結ぶ。

(9) 新作の**邦画**が話題になる。

(10) 必要な書物を**閲覧**する。

(11) 大《おお》舞《ぶ》台《たい》で**緊張**する。

(12) **欧米**から文化が伝わる。

(13) **刑法**について学ぶ。

(14) **巨匠**の作品を鑑賞する。

(15) 物語が**佳境**に入る。

(16) **倹約**して生活する。

(17) **慰霊**の塔《とう》を建てる。

(18) 農作物を**収穫**する。

(19) **老婆**を描《えが》いた絵画。

(20) **海峡**に架《か》かる橋を渡《わた》る。

得点UP

1 (4)「没」は、同じ部分のある「役（ヤク・エキ）」「疫（エキ）」とは読み方が違《ちが》うので注意する。
(15)「佳境に入る」は、「おもしろい部分や場面に移る」の意味。「入る」は、「いる」と読むのがよい。

熟語の読み⑤

月　日

点

合格点：80点／100点

1　次の太字の漢字の読みがなを書きなさい。（5点×20）

(1) **湖畔**の宿に泊《と》まる。

(2) 美しい**令嬢**に会う。

(3) トンネルが**貫通**する。

(4) 今までの**軌跡**をたどる。

(5) 仕事の**邪魔**をする。

(6) **基礎**から学習する。

(7) **山岳**地帯を巡《めぐ》る。

(8) 荒《あ》れ地《ち》を**開墾**する。

(9) 敵と**勇敢**に戦う。

(10) 決勝戦を**棄権**する。

(11) 気体が**膨張**する。

(12) 自由を**束縛**する。

(13) 詩を刻んだ**石碑**。

(14) **新機軸**を打ち出す。

(15) 少しの間、**休憩**する。

(16) まず**模倣**から始める。

(17) 商品を**陳列**する。

(18) 学問の**真髄**に迫《せま》る。

(19) **卓越**した意見が出る。

(20) **花壇**の手入れをする。

得点UP

1　(8)「墾」は、同じ部分のある「懇」と間違《まちが》えやすい。

(11)「膨張」は、「膨脹」と書くこともある。意味・用法に違いはない。

START　GOAL

熟語の読み⑥

点

合格点：80点／100点

1 次の太字の漢字の読みがなを書きなさい。（5点×20）

(1) **卑近**な例を挙げる。（　　）

(2) 大きな**犠牲**を払《はら》う。（　　）

(3) 注意を**喚起**する。（　　）

(4) 雑誌に**掲載**する。（　　）

(5) **参謀**として迎《むか》える。（　　）

(6) **特殊**な技術で加工する。（　　）

(7) **抽選**で賞品が当たる。（　　）

(8) 物事を**穏便**に進める。（　　）

(9) **将棋**の腕《うで》を競《きそ》う。（　　）

(10) **純粋**な水を使用する。（　　）

(11) メモ帳を**携帯**する。（　　）

(12) **娯楽**映画を楽しむ。（　　）

(13) **濃紺**の羽織を着る。（　　）

(14) 五分の**間隔**で運行する。（　　）

(15) 新しい法案を**審議**する。（　　）

(16) **書籍**を購《こう》入《にゅう》する。（　　）

(17) 森林を**伐採**する。（　　）

(18) **偶然**の出会いに驚《おどろ》く。（　　）

(19) 身《み》柄《がら》を**拘束**される。（　　）

(20) 古い**概念**を改める。（　　）

得点UP

1 (3)「喚起」は、同音異義語の「換気」との違《ちが》いに注意。「喚起」は「呼び起こす」の意味。
(20)「概」は、同じ部分のある「慨」と間違えやすい。

特別な読み方

月　日

点

合格点：80点／100点

1 次の太字の漢字の特別な読み方を書きなさい。（5点×20）

(1) **若人**が集まる。

(2) **小豆**をゆっくり煮《に》る。

(3) **白髪**染めを使う。

(4) 常に**笑顔**を絶やさない。

(5) **田舎**から上京する。

(6) **吹雪**の中を歩く。

(7) **雪崩**に注意する。

(8) **為替**で送金する。

(9) **芝生**を刈《か》り取る。

(10) 白い**足袋**を履《は》く。

(11) **固唾**をのんで見守る。

(12) **乙女**のささやかな祈《いの》り。

(13) **土産**話を楽しく聞く。

(14) **風邪**をこじらせる。

(15) 決勝の**行方**を占《うらな》う。

(16) 田に**早苗**を植える。

(17) 庭に**砂利**を敷《し》く。

(18) 春の**名残**を惜《お》しむ。

(19) 秋らしい**日和**だ。

(20) **三味線**を鳴らす。

得点UP

1 (3) 「白髪」は、特別な読み方としてでなければ「はくはつ」とも読むが、「白髪染め」の場合には特別な読み方。
(12) 「乙女」を使った「早乙女（さおとめ）」という特別な読み方もある。

複数の音読みをもつ漢字

点

合格点：80点／100点

1 次の太字の漢字の読みがなを書きなさい。（5点×20）

(1)
ア　科学的な**根拠**を示す。
イ　事件の**証拠**を探す。

(2)
ア　得意技《わざ》を**封印**する。
イ　**封建**制度が廃《すた》れる。

(3)
ア　**甲乙**つけがたい。
イ　**甲高**い声で話す。

(4)
ア　あれこれ**知恵**を絞《しぼ》る。
イ　自然の**恩恵**を受ける。

(5)
ア　旅行に**同伴**する。
イ　ピアノで**伴奏**する。

(6)
ア　値上がりに**仰天**する。
イ　深く**信仰**する。

(7)
ア　世の中に**奉仕**する。
イ　江《え》戸《ど》時代の**奉行**。

(8)
ア　曲の**拍子**を取る。
イ　大きな**拍手**をする。

(9)
ア　**柔道**の練習をする。
イ　**柔和**な表情を示す。

(10)
ア　小説を**執筆**する。
イ　勝利に**執念**を燃やす。

得点UP

1 (3)　ア「甲乙つけがたい」は、「良いか悪いかの区別ができない」の意味。
(6)「仰」は、同じ部分のある「迎」と読み間《ま》違《ちが》えやすい。「迎」には「歓《かん》迎《げい》」「送《そう》迎《げい》」のような使い方がある。

複数の訓読みをもつ漢字

月　日

点

合格点：80点／100点

1 次の太字の漢字の読みがなを書きなさい。（5点×20）

(1)
ア ぞうきんを**絞**る。
イ 自分の首を**絞**める。

(2)
ア ぬれた道が**滑**る。
イ **滑**らかな肌《はだ》触《ざわ》りの布。

(3)
ア 蛇《へび》が草むらに**潜**む。
イ 深い湖に**潜**る。

(4)
ア 乾《かわ》いた土地が**潤**う。
イ 目を**潤**ませる。

(5)
ア 高原の大自然に**触**れる。
イ パソコンに初めて**触**る。

(6)
ア 常に警《けい》戒《かい》を**怠**らない。
イ 仕事を**怠**けて休む。

(7)
ア あやまちを**悔**いる。
イ 一点差で負けて**悔**しい。

(8)
ア **嫁**入り道具をそろえる。
イ 姉が遠方に**嫁**ぐ。

(9)
ア **床**の間に花を飾《かざ》る。
イ **床**にワックスを塗《ぬ》る。

(10)
ア 寒さで湖面が**凍**る。
イ **凍**えるほど寒い。

得点UP

1 (4) 「潤」の二つの訓読みは、特に読み方が似ているので注意。送りがなで読み分ける。
(9) 「床」は、使われている意味の違《ちが》いに注意して読み分ける。

誤りやすい読み①

点
合格点：80点／100点

1 次の太字の漢字の読みがなを書きなさい。（5点×20）

(1) 豊かな想像を**促**す音楽。

(2) **一隻**の舟《ふね》が漂《ただよ》う。

(3) 大変な災難に**遭**う。

(4) **容赦**なく質問する。

(5) 書道の展覧会を**催**す。

(6) **貸借**を清算する。

(7) 風の**仕業**で枝が折れる。

(8) 信用が**失墜**する。

(9) **篤実**な性格の人物。

(10) 旅行の参加者を**募**る。

(11) 商品を**廉価**で購入《こうにゅう》する。

(12) 若いころ**辛酸**をなめる。

(13) 作戦を**企**てる。

(14) 案を会議に**諮**る。

(15) 提案を**承諾**する。

(16) 害虫を**忌避**する。

(17) **官吏**を任命する。

(18) 車の流れが**滞**る。

(19) **潤沢**な資産を生かす。

(20) 畑に肥料を**施**す。

得点UP

1 (1)「促す」は、「そうするように働きかける」の意味。送りがなにも注意。
(17)「吏」は、同じ部分のある「使」と間違《まちが》えやすい。「官吏」は、「役人」の意味。

誤りやすい読み②

月　日

点

合格点：80点／100点

1 次の太字の漢字の読みがなを書きなさい。（5点×10）

(1) 仏像を青銅で**鋳**る。（　）

(2) 旅行の**支度**をする。（　）

(3) 他人の目を**欺**く。（　）

(4) **首相**が外国を訪《おとず》れる。（　）

(5) 犬が飼い主を**慕**う。（　）

(6) 花束を**携**えて訪問する。（　）

(7) シャツの破れ目を**繕**う。（　）

(8) 海外に**赴任**する。（　）

(9) 軍隊に**服役**する。（　）

(10) 任務を**遂行**する。（　）

2 次の太字の漢字の読みがなを書きなさい。（5点×10）

(1)
ア 行動を**監視**する。（　）
イ 書物を**濫読**する。（　）

(2)
ア 今後の**措置**を考える。（　）
イ **借金**をなくす。（　）

(3)
ア **尊敬**する人物。（　）
イ 法律を**遵守**する。（　）

(4)
ア 一点を**凝視**する。（　）
イ **疑問**を解決する。（　）

(5)
ア **金属**を加工する。（　）
イ 業務を**委嘱**する。（　）

得点UP

1 (10)「遂行」は、「物事をやり通す」の意味。「ついこう」と読み間《ま》違《ちが》えやすい。

2 (3) イ「遵」は、「規則に従う」という意味の漢字。ほかに「遵法」などの使い方がある。

まとめテスト①

点

合格点：80点／100点

1 次の太字の漢字の読みがなを書きなさい。（5点×20）

(1) 大きな仕事を**請**ける。

(2) 電話番号を**控**える。

(3) 壁《かべ》にペンキを**塗**る。

(4) 新しい職場に**赴**く。

(5) 読み終えた本を**譲**る。

(6) **華**やかな式典に臨《のぞ》む。

(7) 自分の趣味《しゅみ》に**没頭**する。

(8) 病気を**克服**する。

(9) **老婆**に道を尋《たず》ねる。

(10) しっかりと**基礎**を築く。

(11) 交通の規制を**緩和**する。

(12) 色合いに**魅力**を感じる。

(13) 校則を**遵守**する。

(14) 自分の義務を**遂行**する。

(15) 案を委員会に**諮**る。

(16) 食事の**支度**をする。

(17)
ア **柔道**の試合に出る。
イ **柔和**なほほえみ。

(18)
ア 魚が岩《いわ》陰《かげ》に**潜**む。
イ 海の中に**潜**る。

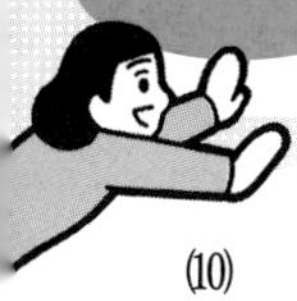

一字漢字の書き①

月　日

点

合格点：80点／100点

1 次の太字のカタカナを漢字で書きなさい。（5点×20）

(1) 階段の手すりを**サワ**る。（　）

(2) 早めに**トコ**に就《つ》く。（　）

(3) 空がどんより**クモ**る。（　）

(4) 夢を思い**エガ**く。（　）

(5) **サビ**しい村を過ぎる。（　）

(6) 高原が深い**キリ**に包まれる。（　）

(7) 犬が**オ**を振《ふ》って喜ぶ。（　）

(8) 相手に考える時間を**アタ**える。（　）

(9) 重い**コシ**を上げる。（　）

(10) 子馬が草原を**カ**ける。（　）

(11) 海に**シズ**んだ宝箱。（　）

(12) 茶わんを**ボン**に載《の》せる。（　）

(13) ぶどう**ガ**りを楽しむ。（　）

(14) **タガ**いに尊敬し合う。（　）

(15) 口笛を**フ**きながら歩く。（　）

(16) **ダマ**って作業をする。（　）

(17) 肩《かた》の力を**ヌ**く。（　）

(18) 心を**コ**めて歌う。（　）

(19) 大きな**カミナリ**が鳴る。（　）

(20) 書店で**ヒマ**をつぶす。（　）

得点UP

1 (3)「クモる」は、名詞の「雲」との違《ちが》いに注意。

(15)「フく」は、同訓異字の「噴く」との用法の違いに注意する。「噴く」は、液体や炎《ほのお》などが出る場合。

No. 20

一字漢字の書き②

点

合格点：80点／100点

1 次の太字のカタカナを漢字で書きなさい。（5点×20）

(1) 白い息を**ハ**く。

(2) 小高い**オカ**に登る。

(3) はたきでほこりを**ハラ**う。

(4) 川の水が**ニゴ**る。

(5) 寒さで声が**フル**える。

(6) 写真を部屋に**カザ**る。

(7) 一枚ずつカレンダーを**ク**る。

(8) **モモ**の節句を祝う。

(9) チャンスを**ノガ**す。

(10) 目に涙《なみだ》を**ウ**かべる。

(11) **イモ**をふかす。

(12) どちらを選ぶかで**ナヤ**む。

(13) 泥水《どろみず》が**ハ**ね上がる。

(14) 電車の到着《とうちゃく》が**オク**れる。

(15) **アワ**い色の着物を着る。

(16) ばらの**アマ**い香り。

(17) **ケモノ**の肉を食べる。

(18) 危険を**オカ**しても決行する。

(19) 雑誌に広告を**ノ**せる。

(20) 草むらの葉に**ツユ**が降りる。

得点UP

❶ (7) この場合の「クる」は、「順にめくる」の意味。
(12) 「ナヤむ」は、同じ部分をもつ「脳」との違《ちが》いに注意。

START　GOAL

月　日

一字漢字の書き③

点

合格点：80点／100点

1 次の太字のカタカナを漢字で書きなさい。（5点×20）

(1) **ツカ**れた体を休める。（　　）

(2) 硬《かた》い**タテ**に守られる。（　　）

(3) 栄養を**タクワ**える。（　　）

(4) 古い旅館に**ト**まる。（　　）

(5) ズボンの**タケ**を測る。（　　）

(6) 背水の**ジン**で臨《のぞ》む。（　　）

(7) 都市を結ぶ線路を**シ**く。（　　）

(8) 西の空が**シュ**に染まる。（　　）

(9) びっしょりと**アセ**をかく。（　　）

(10) 粉石けんを湯に**ト**かす。（　　）

(11) 大きな野望を**イダ**く。（　　）

(12) 美しく**マ**い踊《おど》る。（　　）

(13) 相手に先を**コ**される。（　　）

(14) 帯を**ドウ**に巻く。（　　）

(15) 動物が歩いた**アト**がある。（　　）

(16) 慌《あわ》てて逃《に》げ**マド**う。（　　）

(17) **ミョウ**な気分になる。（　　）

(18) ようやく**トウゲ**をこえる。（　　）

(19) **ミネ**からふもとを眺《なが》める。（　　）

(20) なべで黒豆を**ニ**る。（　　）

得点UP

1 (5)　この場合の「タケ」は、「物の長さ」の意味。「背タケ」という熟語でも用いる。
(11)　「イダく」には、ほかに「カカえる」「ダく」という訓読みもある。

一字漢字の書き④

点

合格点：80点／100点

1 次の太字のカタカナを漢字で書きなさい。（5点×20）

(1) ベンチの**ハシ**に座る。

(2) 多大な迷《めい》惑《わく》を**コウム**る。

(3) **カベ**にもたれかかる。

(4) 木《こ》陰《かげ》に身を**カク**す。

(5) **コ**い色で塗《ぬ》りつぶす。

(6) **ツブ**の細かい砂。

(7) **コヨミ**の上で春が来る。

(8) 派手な**ガラ**のシャツ。

(9) **ネム**そうに目をこする。

(10) 引き出しの**オク**にしまう。

(11) 歩道橋を**ワタ**る。

(12) 黒い**ケムリ**を吹《ふ》き出す。

(13) 大木が**タオ**れる。

(14) 道路の**ハバ**を広げる。

(15) 力の**オト**る相手に負ける。

(16) **タタミ**を敷《し》きつめる。

(17) 名作の**ホマ**れ高い作品。

(18) **オス**と雌《めす》を見分ける。

(19) 洋服をかばんに**ツ**める。

(20) **クサリ**でつなぎ止める。

得点UP

1 (2)「コウムる」には、同じ部分のある漢字が多い。「疲」「彼」と書き間《ま》違《ちが》えないように注意する。
(17)「ホマれ高い」は、「評判がよい」の意味。

月　日

点

合格点：80点／100点

一字漢字の書き⑤

1 次の太字のカタカナを漢字で書きなさい。（5点×20）

(1) 青々と若葉が**シゲ**る。（　　）

(2) **イカ**りがしずまる。（　　）

(3) 靴下《くつした》を**ヌ**ぎ捨てる。（　　）

(4) 怠《なま》け心を**イマシ**める。（　　）

(5) 青い**シバ**が生える。（　　）

(6) 厳しい**バツ**を受ける。（　　）

(7) 新聞を**ナナ**めに読む。（　　）

(8) **サカズキ**を酌《く》み交《か》わす。（　　）

(9) **ウデ**によりをかける。（　　）

(10) **クサ**らないように冷蔵する。（　　）

(11) **オモムキ**のある風景。（　　）

(12) **イネ**の苗《なえ》を植える。（　　）

(13) 商店が**ノキ**を並べる。（　　）

(14) **トナリ**の車両に移る。（　　）

(15) **オウギ**を持って舞《ま》う。（　　）

(16) 長い**カミ**の毛を解く。（　　）

(17) 彼《かれ》のお気に**メ**すか不安だ。（　　）

(18) 静かな**ハマ**にたたずむ。（　　）

(19) 青銅の**ツルギ**を磨《みが》く。（　　）

(20) 誤解を招く表現を**サ**ける。（　　）

得点UP

1 (7)「ナナめに読む」は、「丁寧《ていねい》に読まずに、ざっと読む」の意味。
(16)「カミの毛を解く」は、「カミの毛をとかす」の意味。「解く」という漢字の使い方にも注意。

START　GOAL

一字漢字の書き⑥

点

合格点：80点／100点

1 次の太字のカタカナを漢字で書きなさい。（5点×20）

(1) 運動神経が**ニブ**い。

(2) 植物の葉が**カ**れる。

(3) **ミナ**が意見に賛成する。

(4) 心を**オニ**にして批判する。

(5) **ヌマ**にすむ生き物。

(6) 両親の目を**ヌス**む。

(7) **ツツミ**を築き上げる。

(8) 高い**トウ**がそびえる。

(9) 太陽に**ス**かして見る。

(10) 故郷を**コイ**しく思う。

(11) **ナゲ**かわしい出来事。

(12) 船で**オキ**まで出る。

(13) 鳥が枝で**ツバサ**を休める。

(14) 雑草を**ツ**み取る。

(15) 魚が**アミ**に引っかかる。

(16) 感動して**ナミダ**を流す。

(17) **ムスメ**が二十歳《はたち》になる。

(18) 災害が都市を**オソ**う。

(19) 鉄分を多く**フク**む野菜。

(20) よい**エン**を結ぶ。

得点UP

1 (1)「ニブい」の対義語は、「鋭《するど》い」。どちらも同じ部首の漢字。
(18)「オソう」は、画数が多い漢字なので、書き順にも注意が必要。

No. 25

熟語の書き①

月　日

点

合格点：80点／100点

1 次の太字のカタカナを漢字で書きなさい。（5点×20）

(1) 道路を**ホソウ**する。

(2) **トチュウ**で引き返す。

(3) 音が**ハンキョウ**する。

(4) 警備員が**カンシ**する。

(5) **コウタク**のある生地《きじ》。

(6) 肌《はだ》が**ビンカン**になる。

(7) **スイソウ**楽団に入る。

(8) **タンネン**に下調べをする。

(9) **ヒボン**な才能に驚《おどろ》く。

(10) 根拠《こんきょ》のない**ゾクセツ**。

(11) 知事の発言に**コウギ**する。

(12) 合格する**ケンナイ**に入る。

(13) 地球の**カンキョウ**を守る。

(14) 賞状を**ガクブチ**に入れる。

(15) 防波堤《ぼうはてい》が**ケッカイ**する。

(16) 自然の**オンケイ**を受ける。

(17) 甘《あま》い**カシ**を食べる。

(18) 短い**キョリ**を泳ぐ。

(19) 印鑑《いんかん》に**シュニク**をつける。

(20) 海が**オセン**される。

得点UP

1 (9)「ヒボン」は、「普通《ふつう》より優《すぐ》れている」の意味。

(11)「コウギ」は、同音異義語の「講義」との意味の違《ちが》いに注意する。

熟語の書き②

点

合格点：80点／100点

1 次の太字のカタカナを漢字で書きなさい。（5点×20）

(1) **シユウ**を決する勝負。

(2) **センパイ**に相談する。

(3) **ユウシュウ**な成績を収める。

(4) 出題の**ケイコウ**を分析《ぶんせき》する。

(5) 鉱石を**サイクツ**する。

(6) **ボウシ**を深くかぶる。

(7) **シャメン**を滑《すべ》り降りる。

(8) **ヒナン**訓練を行う。

(9) **ソクザ**に返答する。

(10) 欧米《おうべい》に**トコウ**する。

(11) **ノウコウ**な牛乳を飲む。

(12) 悪の**オンショウ**となる。

(13) 病院の**ショウカイ**状。

(14) **イセキ**の出土品を調べる。

(15) **ダクリュウ**に飲み込《こ》まれる。

(16) めらめらと**トウシ**を燃やす。

(17) 値段の差を**ゼセイ**する。

(18) 悪者を**ゲキタイ**する。

(19) 大きな**ハクシュ**で迎《むか》えられる。

(20) **シンチョウ**に行動する。

得点UP

1 (1)「シユウ」は、「優劣《ゆうれつ》」の類義語。「シユウを決する」は、「どちらが優《すぐ》れているかを決める」の意味。
(13)「ショウカイ」は、同音異義語の「照会」「詳解」との意味の違《ちが》いに注意する。

熟語の書き③

月　日

点

合格点：80点／100点

1 次の太字のカタカナを漢字で書きなさい。（5点×20）

(1) 風邪《かぜ》が**モウイ**を振《ふ》るう。

(2) 空気が**カンソウ**する。

(3) **ホウガン**投げの競技。

(4) 商品の**ジュヨウ**が増す。

(5) **ゼッキョウ**して応援《おうえん》する。

(6) **トウトツ**に質問する。

(7) **コウモク**ごとに整理する。

(8) 誤った**カショ**を修正する。

(9) 光が**クッセツ**する。

(10) 編み物が**シュミ**だ。

(11) 裁判所に**コクソ**する。

(12) 熱帯魚を**ハンショク**させる。

(13) **ヒフ**がかゆくなる。

(14) 世間**イッパン**の大衆。

(15) **ユウガ**な振る舞《ま》い。

(16) **イッケン**家に住む。

(17) **ソウゴ**に信頼《しんらい》し合う。

(18) 冷害で**キョウサク**になる。

(19) 羽織に**カモン**を付ける。

(20) **エンピツ**で記入する。

得点UP

1 (2) 「ソウ」は、同じ部分のある「操」「繰」と間違《まちが》えやすい。へんの違いに気を付ける。
(18) 「キョウサク」は、「作物の出来が悪いこと」の意味。対義語は、「豊作」。

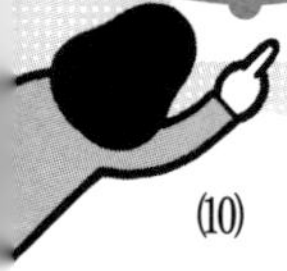

熟語の書き④

点

合格点：80点／100点

1 次の太字のカタカナを漢字で書きなさい。（5点×20）

(1) **ジバン**がしっかりしている。

(2) **シンセン**な野菜を調理する。

(3) **ギョウテン**して腰《こし》を抜《ぬ》かす。

(4) **セイギョ**装置が作動する。

(5) イギリスの**ギキョク**を読む。

(6) **ゲンカン**に花を飾《かざ》る。

(7) 交通**イハン**を取り締《し》まる。

(8) 国会を**ショウシュウ**する。

(9) 高く**チョウヤク**する。

(10) 名選手に**ヒッテキ**する実力。

(11) 話が**ムジュン**している。

(12) **モウジュウ**がほえる。

(13) 全軍を**タイキャク**させる。

(14) **ギョウギ**よく食事する。

(15) 物理学を**センコウ**する。

(16) **キョダイ**なビルが立ち並ぶ。

(17) 不満が**フンシュツ**する。

(18) **サキュウ**に広がる風紋《ふうもん》。

(19) 幼なじみと**ケッコン**する。

(20) **ジントウ**で指揮を執《と》る。

得点UP

1 (8)「ショウシュウ」は、「招集」とのちがいに注意。議員を集めて国会を開くときには「招」は使わない。

(15)「センコウ」は、「専門に学ぶ」の意味。同音異義語「選考」「先行」とまちがえないように注意。

熟語の書き⑤

月　日

点

合格点：80点／100点

1 次の太字のカタカナを漢字で書きなさい。（5点×20）

(1) 古い建物を**ヘイサ**する。（　　）

(2) **アクリョク**を測定する。（　　）

(3) **レイタン**な態度を取る。（　　）

(4) 海外へ**エンセイ**する。（　　）

(5) 新境地を**カイタク**する。（　　）

(6) テストの**ハンイ**を示す。（　　）

(7) 大きな**キュウデン**に住む。（　　）

(8) **キュウセイ**を名乗る。（　　）

(9) **ゴウウ**に見《み》舞《ま》われる。（　　）

(10) 容疑者を**ビコウ**する。（　　）

(11) 原《げん》稿《こう》を**シッピツ**する。（　　）

(12) **バクオン**がとどろく。（　　）

(13) 部長を**ケンニン**する。（　　）

(14) 危険な**コウイ**を禁止する。（　　）

(15) 火災を**ケイカイ**する。（　　）

(16) 説明文の**ヨウシ**をまとめる。（　　）

(17) 政府に**シャクメイ**を求める。（　　）

(18) 名詞を**シュウショク**する語。（　　）

(19) **ヒガン**に墓参りをする。（　　）

(20) 渡《わた》り鳥《どり》が**エットウ**する。（　　）

得点UP

1 (8)「キュウセイ」は、「結婚《けっこん》などで変わる前の名字」の意味。
(18)「シュウショク」は、同音異義語「就職」と間違《まちが》えないように注意。「ショク」の訓読みは、「カザる」。

START　GOAL

熟語の書き⑥

点

合格点：80点／100点

1 次の太字のカタカナを漢字で書きなさい。（5点×20）

(1) 値段を**ヒカク**する。（　　）
(2) 雑誌を**ハンバイ**する。（　　）
(3) 演説の**ゲンコウ**を書く。（　　）
(4) **オクソク**で発言する。（　　）
(5) 体内の**シボウ**を減らす。（　　）
(6) **センザイ**で皿をあらう。（　　）
(7) 事件の**ショウサイ**を話す。（　　）
(8) ホテルに**シュクハク**する。（　　）
(9) 訪問先で**カンゲイ**される。（　　）
(10) 古美術品を**カンテイ**する。（　　）
(11) 警察官が**ジュンカイ**する。（　　）
(12) **ケンジツ**な仕事ぶり。（　　）
(13) 味方を**オウエン**する。（　　）
(14) 抵《てい》抗《こう》勢力を**ダンアツ**する。（　　）
(15) **センコウ**に火を付ける。（　　）
(16) **タイネツ**ガラスのコップ。（　　）
(17) 歴史的な**シュンカン**。（　　）
(18) 学校に**カイキン**して表彰《ひょうしょう》される。（　　）
(19) 発想が**キバツ**だ。（　　）
(20) 長い**チンモク**を破る。（　　）

得点UP

1 (9)「カンゲイ」は、「カン」を同じ音読みの「観」「勧」と間《ま》違《ちが》えやすい。
(18)「カイキン」は、「学校や会社などに一日も休まずに出席・出勤する」の意味。

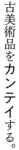

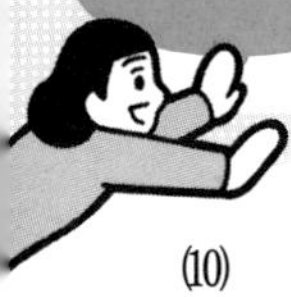

送りがな①

月 日

点

合格点：80点／100点

1 次の太字のカタカナを漢字と送りがなで書きなさい。（5点×20）

(1) 小指で弦《げん》を**オサエル**。（　　）

(2) 今後の動向を**ウラナウ**。（　　）

(3) 周囲に被害《ひがい》を**オヨボス**。（　　）

(4) 駅への道を**タズネル**。（　　）

(5) **クワシイ**説明を聞く。（　　）

(6) アイディアが**ツキル**。（　　）

(7) 先生のお宅に**ウカガウ**。（　　）

(8) **ハズカシイ**思いをする。（　　）

(9) **アザヤカ**な色合い。（　　）

(10) **メグミ**の雨が降る。（　　）

(11) 腕時計《うでどけい》が**コワレル**。（　　）

(12) 間隔《かんかく》を**セバメル**。（　　）

(13) **ホコリ**をもって戦う。（　　）

(14) 鐘《かね》の音が**ヒビク**。（　　）

(15) 洗濯物《せんたくもの》を**カワカス**。（　　）

(16) **アライ**呼吸を整える。（　　）

(17) 仕事が**イソガシイ**。（　　）

(18) **オソロシイ**体験をする。（　　）

(19) **メズラシイ**植物が育つ。（　　）

(20) 良心に**ウッタエル**。（　　）

得点UP

1 (6) 「ツキル」の音読みは、「ジン」。「ジン力《りょく》」などの熟語がある。
(12) 「セバメル」の漢字には、ほかに「セマイ」という訓読みもある。

送りがな②

点

合格点：80点／100点

1 次の太字のカタカナを漢字と送りがなで書きなさい。（5点×20）

(1) 大は小を**カネル**。

(2) **キタナイ**言葉を避《さ》ける。

(3) 池の魚を**ツカマエル**。

(4) 化学薬品を**アツカウ**。

(5) 物の見方が**スルドイ**。

(6) **エライ**人に会う。

(7) グラスを**カタムケル**。

(8) 大声で**サケブ**。

(9) 軽口を**ツツシム**。

(10) **タノモシイ**味方を得る。

(11) 夜空に星が**カガヤク**。

(12) 指にとげが**ササル**。

(13) 子供たちが**サワグ**。

(14) 南の島を**メグル**。

(15) 敵の城を**セメル**。

(16) 紅茶を**ススメル**。

(17) 急な知らせに**オドロク**。

(18) **ヤワラカイ**日差し。

(19) 野菜を塩水に**ヒタス**。

(20) 転校生を**ムカエル**。

得点UP

1 (1) 「大は小をカネル」は、「大きい物は小さい物の役目を果たす」の意味。
(18) 「ヤワラカイ」は、同訓異字の「軟らかい」と間《ま》違《ちが》えやすい。用法の違いに注意。

月　日

同訓異字

点

合格点：80点／100点

1 次の太字のカタカナを漢字で書きなさい。（5点×20）

(1)
ア　目的地に**ツ**く。（　　）
イ　話の矛盾点《むじゅんてん》を**ツ**く。（　　）

(2)
ア　水面に映る月の**カゲ**。（　　）
イ　大木の**カゲ**で休む。（　　）

(3)
ア　紙面を大きく**サ**く記事。（　　）
イ　桜の花が**サ**く。（　　）

(4)
ア　式典が無事に**ス**む。（　　）
イ　空が青く**ス**む。（　　）

(5)
ア　川に**ソ**う堤防《ていぼう》。（　　）
イ　病人に付き**ソ**う。（　　）

(6)
ア　ギターで名曲を**ヒ**く。（　　）
イ　重要な語句に線を**ヒ**く。（　　）

(7)
ア　本の表紙を切り**ハナ**す。（　　）
イ　こいを池に**ハナ**す。（　　）

(8)
ア　庭の芝生《しばふ》を**カ**る。（　　）
イ　野生動物を**カ**る。（　　）

(9)
ア　金属の**カタ**に流し込《こ》む。（　　）
イ　がっくりと**カタ**を落とす。（　　）

(10)
ア　博士号を**オク**る。（　　）
イ　扇《おうぎ》で風を**オク**る。（　　）

得点UP

1 (2)「カゲ」は、「光によって現れる姿形」の意味か、「光の当たらない暗い部分」の意味かで書き分ける。
(10) ア「オクる」は、「祝福の気持ちを込《こ》めて与《あた》える」場合や「称号《しょうごう》・官位などを与える」場合に用いる。

同音異義語①

点

合格点：80点／100点

1 次の太字のカタカナを漢字で書きなさい。（5点×20）

(1)
ア　永久平和を**キネン**する。
イ　旅行の**キネン**写真。

(2)
ア　円高で**フキョウ**になる。
イ　上司の**フキョウ**を買う。

(3)
ア　**イシン**をかけて戦う。
イ　明治**イシン**の志士。

(4)
ア　毎年**コウレイ**の花火大会。
イ　**コウレイ**を示して話す。

(5)
ア　**キハク**でゴールを守る。
イ　危機感が**キハク**だ。

(6)
ア　不法に**センキョ**する。
イ　知事の**センキョ**に行く。

(7)
ア　**イサイ**を放つ芸術家。
イ　**イサイ**は面談で説明する。

(8)
ア　**ミトウ**の秘境を訪ねる。
イ　**ミトウ**の偉《い》業《ぎょう》を果たす。

(9)
ア　世界を**セイフク**する。
イ　**セイフク**に着《き》替《が》える。

(10)
ア　**キョウゴウ**を相手に戦う。
イ　他社と**キョウゴウ**する。

得点UP

1 (2)　イ「フキョウを買う」は、「目上の人の機嫌《きげん》を損《そこ》なう」の意味。
(7)　アほかに「偉才（異才）」という同音異義語もあるが、「放つ」とは合わない。

同音異義語②

月　日

点

合格点：80点／100点

1 次の太字のカタカナを漢字で書きなさい。（5点×20）

(1)
ア　伝統を**ケイショウ**する。
イ　**ケイショウ**を付けて呼ぶ。

(2)
ア　病人を**カイホウ**する。
イ　病気が**カイホウ**に向かう。

(3)
ア　書類を**テンプ**する。
イ　**テンプ**の才能をもつ。

(4)
ア　食欲が**フシン**だ。
イ　挙動が**フシン**だ。

(5)
ア　これまでの**ケイイ**を話す。
イ　先人に**ケイイ**を表す。

(6)
ア　**センレツ**な印象を受ける。
イ　**センレツ**を離《はな》れる。

(7)
ア　**コウテン**で難航する。
イ　**コウテン**に恵《めぐ》まれる。

(8)
ア　**イゼン**、未解決だ。
イ　**イゼン**、訪《おとず》れた町。

(9)
ア　言葉が**フキュウ**する。
イ　**フキュウ**の名作。

(10)
ア　新製品の威《い》力《りょく》を**コジ**する。
イ　就《しゅう》任《にん》の要《よう》請《せい》を**コジ**する。

得点UP

1　(4)「フシン」は、「疑わしい」の意味と「勢いが振《ふ》るわない」の意味で使い分ける。ほかに「不信」「腐心」もある。
(7)　ア・イの「コウテン」は、対義語になる。

誤りやすい書き①

点

合格点：80点／100点

1 次の太字のカタカナを漢字で書きなさい。（5点×20）

(1) 成績の良さを**ジマン**する。（　　）
(2) 昔の方針を**トウシュウ**する。（　　）
(3) **メス**の鶏《にわとり》を育てる。（　　）
(4) 政治家が**シッキャク**する。（　　）
(5) 砂漠《さばく》に井戸《いど》を**ホ**る。（　　）
(6) 社員を**ハケン**する。（　　）
(7) 収支を帳簿《ちょうぼ》に**キサイ**する。（　　）
(8) 品物を**ハンニュウ**する。（　　）
(9) 犯罪を**テキハツ**する。（　　）
(10) **タキギ**を集めてくる。（　　）
(11) 毎日、**マンゼン**と過ごす。（　　）
(12) 他国に**シンリャク**する。（　　）
(13) **ランカン**にもたれかかる。（　　）
(14) **イクエ**にも折り畳《たた》む。（　　）
(15) 世間に**ゲイゴウ**する。（　　）
(16) **スイテキ**がしたたる。（　　）
(17) 病気の**リョウヨウ**をする。（　　）
(18) 話が**ビミョウ**に食い違《ちが》う。（　　）
(19) **エンリョ**なく受け取る。（　　）
(20) 中世の**ドレイ**制度。（　　）

得点UP

1 (3) 「メス」は、対義語で同じ部分をもつ漢字「雄《おす》」と間違《まちが》えないように注意。
(17) 「リョウ」は、同じ音読みで同じ部分をもつ漢字「僚」「寮」と間違えないように注意。

月　日

誤りやすい書き②

点

合格点：80点／100点

1 次の太字のカタカナを漢字で書きなさい。（5点×10）

(1) 景品を**カクトク**する。
(2) **セイジャク**な雪景色。
(3) 心臓《しんぞう》の**コドウ**が聞こえる。
(4) 新しい技術を**クシ**する。
(5) 会費を**チョウシュウ**する。
(6) 考え方が**シントウ**する。
(7) **ヨカ**にスポーツを楽しむ。
(8) 契約《けいやく》を**コウシン**する。
(9) 本心を**トロ**する。
(10) **ガンチク**のある言葉。

2 次の太字のカタカナを漢字で書きなさい。（5点×10）

(1)
ア 希望条件に**ガッチ**する。
イ **シナン**の業《わざ》を成《な》し遂《と》げる。

(2)
ア 最後まで**テイコウ**する。
イ **コンテイ**からくつがえす。

(3)
ア 地震《じしん》の**ヒガイ**を防ぐ。
イ **ヒロウ**から回復する。

(4)
ア **ヒタン**に暮れる。
イ **カンブン**を読みこなす。

(5)
ア **ホコサキ**を向ける。
イ 嫌《いや》な**ヨカン**がする。

得点UP
1 (9) 「トロ」は、「思いを隠《かく》さずに述べる」の意味。
2 (4) ア「タン」の訓読みは、「ナゲく」。「ヒタン」は、「悲しみなげく」の意味。

START　GOAL

まとめテスト②

目標時間：20 分

点

合格点：80 点／100 点

1 次の太字のカタカナを漢字で書きなさい。（5点×20）

(1) 他人と反対の感想を**イダ**く。（　　）

(2) 走って後ろから追い**ヌ**く。（　　）

(3) 新聞に記事を**ノ**せる。（　　）

(4) 川に舟《ふね》を**ウ**かべる。（　　）

(5) 広い**ハンイ**で雪が降る。（　　）

(6) 座席に**ツ**めて座《すわ》る。（　　）

(7) ガラスを**タンネン**に磨《みが》く。（　　）

(8) スカートの**タケ**を直す。（　　）

(9) 安全な場所に**ヒナン**する。（　　）

(10) **シンセン**な空気を吸う。（　　）

(11) 弱音を**ハ**かずにがんばる。（　　）

(12) **ダンアツ**に負けず抗議《こうぎ》する。（　　）

(13) 家で**リョウヨウ**生活を送る。（　　）

(14) 式への出席を**エンリョ**する。（　　）

(15) 違法行為《いほうこうい》を**テキハツ**する。（　　）

(16) 税金を**チョウシュウ**する。（　　）

(17)
ア 全員、食事が**ス**む。（　　）
イ 水が透明《とうめい》に**ス**む。（　　）

(18)
ア 文化を**ケイショウ**する。（　　）
イ **ケイショウ**を省略する。（　　）

部首・画数

月　日

点

合格点：80点／100点

1

次の漢字の部首を□に書き、その部首名を□から選んで書きなさい。（完答5点×8）

(1) 房　□・（　　）

(2) 祉　□・（　　）

(3) 敏　□・（　　）

(4) 克　□・（　　）

(5) 冠　□・（　　）

(6) 隻　□・（　　）

(7) 裸　□・（　　）

(8) 歓　□・（　　）

ふるとり　ころもへん　とだれ　ぼくにょう
ひとあし　しめすへん　あくび　わかんむり

2

次の漢字の総画数を答えなさい。（5点×6）

(1) 浜　（　）画

(2) 孔　（　）画

(3) 某　（　）画

(4) 酔　（　）画

(5) 虐　（　）画

(6) 獲　（　）画

3

次の漢字の部首を□に書き、その部首の画数を（　）に答えなさい。（完答5点×6）

(1) 室　□・（　）画

(2) 閲　□・（　）画

(3) 弧　□・（　）画

(4) 盤　□・（　）画

(5) 覆　□・（　）画

(6) 隔　□・（　）画

得点UP

1 (3)「敏」の部首は、選択肢《せんたくし》にある呼び名のほかに「のぶん」「ぼくづくり」とも呼ばれる。

3 (3)「弧」、(6)「隔」の部首は、画数を間《ま》違《ちが》えやすいので注意。

部首・画数・筆順①

点

合格点：80点／100点

1 次の漢字の部首を、それぞれ〔　〕から選んで書きなさい。（6点×5）

(1) 尋〔ヨ　工　口　寸〕（　　）

(2) 殴〔匚　メ　殳　又〕（　　）

(3) 募〔艹　日　大　力〕（　　）

(4) 暫〔斤　車　日　厂〕（　　）

(5) 魔〔广　麻　鬼　ム〕（　　）

2 次の部首をもつ漢字を、それぞれ〔　〕から選んで書きなさい。（7点×4）

(1) ひとやね〔金　企　命　食〕（　　）

(2) かいへん〔観　頂　贈　瞬〕（　　）

(3) がんだれ〔厘　尾　疲　廉〕（　　）

(4) たくみへん〔攻　項　巧　功〕（　　）

3 次の漢字と同じ画数の漢字を、それぞれ〔　〕から選んで書きなさい。（6点×3）

(1) 悟〔硬　婚　疾　搾〕（　　）

(2) 邪〔胆　畜　卓　沈〕（　　）

(3) 逮〔距　託　滞　袋〕（　　）

4 次の漢字の筆順として正しいほうを選び、○を付けなさい。（6点×4）

(1) 叫　ア（　）　イ（　）

(2) 欧　ア（　）　イ（　）

(3) 越　ア（　）　イ（　）

(4) 幽　ア（　）　イ（　）

得点UP

2 (4)「エ（たくみへん）」が部首の漢字以外は、つくりのほうが部首である。

3 (2)「邪」の部首「阝（おおざと）」、(3)「逮」の部首「辶（しんにょう・しんにゅう）」の画数に注意。

部首・画数・筆順②

月　日

点

合格点：80点／100点

1 次の漢字の部首を□に書き、その部首名を（　）に書きなさい。（完答4点×4）

(1) 焦 □・（　）

(2) 尿 □・（　）

(3) 邦 □・（　）

(4) 膨 □・（　）

2 次の漢字の部首（黒い部分）が表す意味を□から選び、記号で答えなさい。（5点×6）

(1) 顧（　）

(2) 凍（　）

(3) 慕（　）

(4) 床（　）

(5) 影（　）

(6) 削（　）

ア 心	イ 氷
ウ 屋根	エ 刀
オ 頭	カ 飾《かざ》り・色どり

3 次の漢字の、部首以外の部分の画数を答えなさい。（4点×6）

(1) 卸（　）画

(2) 掌（　）画

(3) 戒（　）画

(4) 審（　）画

(5) 衝（　）画

(6) 舞（　）画

4 次の漢字の黒い部分は、何画目に当たるかを答えなさい。（5点×6）

(1) 寿（　）画

(2) 暇（　）画

(3) 姫（　）画

(4) 虚（　）画

(5) 華（　）画

(6) 昇（　）画

得点UP

❶ (1)「焦」、(2)「尿」、(4)「膨」はどの部分が部首であるかを間違《まちが》えやすいので注意。

❷ (3)「慕」の部首「⺗」は、「忄」と同じ意味の部首である。

START　GOAL

二字熟語の構成①

点

合格点：80点／100点

1 次の⑴～⑻の構成の二字熟語を、□から選んで書きなさい。（5点×8）

⑴ 上下が似た意味。（ ）

⑵ 上下が反対の意味。（ ）

⑶ 上が下を修飾《しゅうしょく》する。（ ）

⑷ 下が上の動作の対象。（ ）

⑸ 上下が主語・述語の関係。（ ）

⑹ 上が下を打ち消す。（ ）

⑺ 接頭語が付く。（否定の意味以外の接頭語。）（ ）

⑻ 接尾《せつび》語が付く。（ ）

送迎《そうげい》	濃霧《のうむ》	端的《たんてき》	不遇《ふぐう》
地震《じしん》	耐震《たいしん》	依頼《いらい》	真昼

2 次の二字熟語と同じ構成の熟語を、それぞれ〔 〕から選んで書きなさい。（6点×5）

⑴ 不純 〔可否 理非 無縁《むえん》〕（ ）

⑵ 黙読《もくどく》 〔養豚《ようとん》 黒煙《こくえん》 広狭《こうきょう》〕（ ）

⑶ 緩急《かんきゅう》 〔遭難《そうなん》 粗雑《そざつ》 盛衰《せいすい》〕（ ）

⑷ 翻意《ほんい》 〔鎮痛《ちんつう》 委託《いたく》 湿原《しつげん》〕（ ）

⑸ 日没《にちぼつ》 〔喫茶《きっさ》 私有 愚問《ぐもん》〕（ ）

3 上下が似た意味の構成になるように、〔 〕から漢字を選んで（ ）に書き、二字熟語を完成させなさい。（5点×6）

⑴ （ ）斥

⑵ 別（ ）

⑶ （ ）影

⑷ 積（ ）

⑸ （ ）劣

⑹ 空（ ）

〔載 陰 卑 排 虚 離〕

得点UP

❶ ⑷は「握手《あくしゅ》（手《て》を握《にぎ》る）」のように、上の漢字が動作を表し、下の漢字がその対象になっている構成。

❷ ⑵の「黙読」は「黙《だま》って読《よ》む」と訓読みして意味が通じるので、上が下を修飾する構成とわかる。

START GOAL

二字熟語の構成②

月　日

点

合格点：80点／100点

1 次の(1)～(8)の構成の二字熟語を□から選び、その熟語の読みがなを書きなさい。（5点×8）

(1) 上下が似た意味。（　　）

(2) 上下が反対の意味。（　　）

(3) 上が下を修飾《しゅうしょく》する。（　　）

(4) 下が上の動作の対象。（　　）

(5) 上下が主語・述語の関係。（　　）

(6) 上が下を打ち消す。（　　）

(7) 接頭語が付く。（否定の意味以外の接頭語。）（　　）

(8) 接尾《せつび》語が付く。（　　）

抑揚	未遂	芳香	騒然
雷鳴	華麗	御恩	開宴

2 次の〔　〕の二字熟語の中から、一つだけ構成が違《ちが》う熟語を選んで書きなさい。（6点×4）

(1) 〔貴校　御《おん》社《しゃ》　真下　知性〕（　　）

(2) 〔珍《ちん》事《じ》　鶏《けい》卵《らん》　登《とう》壇《だん》　厳禁〕（　　）

(3) 〔雅《が》俗《ぞく》　霊《れい》魂《こん》　昇《しょう》降《こう》　屈《くっ》伸《しん》〕（　　）

(4) 〔辛《しん》勝《しょう》　悦《えつ》楽《らく》　閉《へい》鎖《さ》　肝《かん》要《よう》〕（　　）

3 上下が反対の意味の構成になるように、A・Bの漢字を組み合わせて、二字熟語を六つ作りなさい。（6点×6）

A〔功　添　起　吉　愛　需〕

B〔伏　給　削　憎　罪　凶〕

（　）・（　）　（　）・（　）　（　）・（　）

得点UP

1 (7)接頭語の付く語例は「真上」「貴社」「第一」など。(8)接尾語の付く語例は「退化」「理性」「詩的」など。接頭語も接尾語も主となる意味を表す漢字に、意味を添《そ》える役目をする。

三字熟語①

点

合格点：80点／100点

1

次の□に入る漢字を□から選び、完成した三字熟語の読みがなを書きなさい。（5点×8）

(1) □距離を走る。（　　）

(2) 香辛□を振《ふ》り入れる。（　　）

(3) 溶鉱□が故障《こしょう》する。（　　）

(4) 報道□が詰《つ》めかける。（　　）

(5) 審美□を養う。（　　）

(6) 老婆□から話をする。（　　）

(7) □御所に尋《たず》ねる。（　　）

(8) 彫刻□で板を彫《ほ》る。（　　）

料	刀	眼	陣
心	大	炉	長

2

次の□に入る語を□から選び、漢字に直して書き、三字熟語を完成させなさい。（5点×12）

(1) 地球□（　　）

(2) □何学（　　）

(3) 交□曲（　　）

(4) 守銭□（　　）

(5) 水□画（　　）

(6) 薬□師（　　）

(7) 太陰□（　　）

(8) 感無□（　　）

(9) 一□家（　　）

(10) □法師（　　）

(11) 走馬□（　　）

(12) 微□子（　　）

とう	りょう	き
りゅう	ど	ざい
ぎ	かげ	けん
さい	れき	きょう

得点UP

1　(6)「老婆□」は、「必要以上に気を遣《つか》って世話を焼きたがる気持ち」の意味の熟語になる。

2　(4)「守銭□」は、「お金をためることばかりに執着《しゅうちゃく》するけちな人」の意味の熟語になる。

三字熟語②

月　日

点

合格点：80点／100点

1

次の構成に当たる三字熟語を、□から二つずつ選び、その読みがなを書きなさい。（5点×6）

(1) 上の一字が下の二字熟語を修飾《しゅうしょく》する。（　　・　　）

(2) 上の二字熟語が下の一字を修飾する。（　　・　　）

(3) 三字がそれぞれ対等に並ぶ。（　　・　　）

急斜面	託児所	松竹梅
真善美	陪審員	婿養子

2

次の（　）に入る接頭語や接尾語を、下の□から選んで書き、三字熟語を完成させなさい。（5点×6）

(1) （　　）発達

(2) 焦燥（　　）

(3) （　　）邪気

(4) 圧倒（　　）

(5) （　　）名誉

(6) 耐熱（　　）

無	未	感
性	的	不

3

次の太字のカタカナを漢字で書きなさい。（4点×10）

(1) **タイキケン**に突入《とつにゅう》する。（　　）

(2) **ハテンコウ**な性格の人。（　　）

(3) **シガイセン**を遮《さえぎ》る。（　　）

(4) **ツウシンモウ**の発達。（　　）

(5) 資源は**ムジンゾウ**にない。（　　）

(6) 地震《じしん》の発生は**フカヒ**だ。（　　）

(7) **カヨウキョク**を聴《き》く。（　　）

(8) **ウキヨエ**を飾《かざ》る。（　　）

(9) **ボウハテイ**を築く。（　　）

(10) 時代の**カトキ**を生きる。（　　）

得点UP

1　三字熟語の構成の問題は、熟語の切れ目を考えるとよい。熟語に分けられないものは(3)の構成。

3　(2)「ハテンコウ」は、「今までだれもしたことのないことをすること。また、その様子」の意味。

四字熟語①

点

合格点：80点／100点

1

次のA・Bの熟語を組み合わせて、四字熟語を八つ作りなさい。（5点×8）

A

前人　電光　首尾《しゅび》　離合《りごう》
同床《どうしょう》　一網《いちもう》　一刀　支離《しり》

B

集散　打尽《だじん》　滅裂《めつれつ》　一貫《いっかん》
両断　異夢　未踏《みとう》　石火

2

次の（　）に入る漢数字を書き、四字熟語を完成させなさい。（完答4点×6）

(1)（　）人（　）脚
(2)（　）転（　）倒
(3)（　）変（　）化
(4)（　）載（　）遇
(5)（　）寒（　）温
(6)（　）分（　）裂

3

次の太字の四字熟語の読みがなを書きなさい。（4点×5）

(1) **傍若無人**な振《ふ》る舞《ま》い。（　）
(2) **順風満帆**な人生。（　）
(3) **悪口雑言**を吐《は》く。（　）
(4) **美辞麗句**を並べる。（　）
(5) 他国で**孤軍奮闘**する。（　）

4

次の太字の中のカタカナを、漢字に直して書き、四字熟語を完成させなさい。（4点×4）

(1) **意味シンチョウ**な言葉。（　）
(2) **旧態イゼン**とした体制。（　）
(3) **二律ハイハン**の命題を解明する。（　）
(4) **意気ショウチン**した表情。（　）

得点UP

3　(1)「傍若無人」、(3)「悪口雑言」は、読み間違《まちが》えやすい四字熟語なので注意。
4　(1)は「慎重《しんちょう》」、(2)は「以前」の同音異義語の書き間違いが多いので注意。

四字熟語②

月　日

点

合格点：80点／100点

1

次のカタカナの部分に合う漢字を、それぞれ〔　〕から選んで書きなさい。（5点×4）

(1) 五里ム中　〔矛　夢　無　霧〕（　　）

(2) 危機一パツ　〔髪　初　発　抜〕（　　）

(3) フ和雷同　〔府　不　付　負〕（　　）

(4) 厚顔無チ　〔知　地　値　恥〕（　　）

2

次の□に入る語を□から選び、漢字に直して書き、四字熟語を完成させなさい。（5点×6）

(1) 同工異□（　　）

(2) 一□発起（　　）

(3) 疑心暗□（　　）

(4) 用意周□（　　）

(5) 玉石□交（　　）

(6) 抱□絶倒（　　）

とう　ねん　ふく
き　こん　きょく

3

次の□□に入る漢字を書き、四字熟語を完成させなさい。（5点×10）

(1) □□自棄に陥《おちい》らない。（　　）

(2) □□乾燥な音楽に飽《あ》きる。（　　）

(3) 一触□□の状態が続く。（　　）

(4) □□不断な性格を直したい。（　　）

(5) □□天外な発想に驚《おどろ》く。（　　）

(6) 孤立□□の状態で戦う。（　　）

(7) 新進□□の作家が賞を取る。（　　）

(8) 縦横□□に走り回る。（　　）

(9) 当意□□な受け答えをする。（　　）

(10) □□哀楽が激しい性格。（　　）

得点UP

❶ どの四字熟語も、書き間違《まちが》えやすい漢字を含《ふく》んでいるので問われやすい。正しく覚えること。

❸ (9)「当意□□」は、「その場に合わせて機転をきかすこと」の意味。

類義語①

点

合格点：80点／100点

1 次の太字の熟語の類義語を□から選び、その読みがなを書きなさい。（5点×8）

(1) 全員が**納得**する回答。（　　）

(2) 祖父の**最期**《さいご》に立ち合う。（　　）

(3) 明日、**親類**に会う。（　　）

(4) **突飛**《とっぴ》な考え方をする。（　　）

(5) **周辺**の住民と話し合う。（　　）

(6) あまりにも**分別**がなさすぎる。（　　）

(7) 昔からの**親友**と話す。（　　）

(8) その道の**大家**に尋《たず》ねる。（　　）

| 知己 | 思慮 | 近隣 | 了承 |
| 臨終 | 権威 | 縁者 | 奇抜 |

2 次の熟語の類義語を、それぞれ〔　〕から選んで書きなさい。（6点×3）

(1) 感心〔感激　敬服　興味〕（　　）

(2) 外見〔体裁　表層　視覚〕（　　）

(3) 晩年〔歳末《さいまつ》　寿命《じゅみょう》　末路〕（　　）

3 次の各組が類義語の関係になるように、□に共通して入る、〔　〕の読み方の漢字を書きなさい。（7点×6）

(1) 類□＝相□〔ジ〕（　　）

(2) 支□＝□助〔エン〕（　　）

(3) □密＝□厚〔ノウ〕（　　）

(4) 方□＝指□〔シン〕（　　）

(5) □土＝□地〔リョウ〕（　　）

(6) 風□＝習□〔ゾク〕（　　）

得点UP

1 (6)「分別」は「ふんべつ」、(8)「大家」は「たいか」と読む。(6)「ぶんべつ」、(8)「おおや」と読むと別の言葉になる。

3 類義語には共通の漢字をもつものも多い。(6)「風ゾク」「習ゾク」の類義語には、「風習」もある。

類義語②

1 次の各組が類義語の関係になるように、（　）に入る漢字を、□から選んで書きなさい。（5点×6）

(1) 秀作《しゅうさく》＝（　）作
(2) 不作＝（　）作
(3) 動機＝（　）機
(4) 節約＝（　）約
(5) 記号＝（　）号
(6) 困難＝難（　）

符　契　儀　佳　倹　凶

2 次の各組が類義語の関係になるように、□に入る〔　〕の読み方の漢字を書きなさい。（6点×5）

(1) 冷静＝□着〔チン〕（　）
(2) 明白＝□然〔レキ〕（　）
(3) 技量＝手□〔ワン〕（　）
(4) 尊大＝高□〔マン〕（　）
(5) 将来＝前□〔ト〕（　）

3 次の太字の熟語の類義語を□から選び、漢字に直して書きなさい。（5点×8）

(1) 世の中の**風潮**に逆らう。（　）
(2) **不意**に走り出す。（　）
(3) 意見をすべて**無視**する。（　）
(4) みんなの**手本**となる。（　）
(5) 県内**有数**の桜の名所。（　）
(6) 実力はほぼ**対等**だ。（　）
(7) 新しい雑誌を**出版**する。（　）
(8) 兄は**薄情**《はくじょう》なところがある。（　）

ごかく　かんこう　とつぜん　れいたん くっし　けいこう　もくさつ　もはん

得点UP
2 (4)「尊大」は、「いばって偉《えら》そうにすること」の意味。
3 (5)「有数」は、「数えられるほど少なくて優《すぐ》れていること」の意味。

対義語①

点

合格点：80点／100点

1 次の太字の熟語の対義語を□から選び、その読みがなを書きなさい。（6点×8）

(1) 親から**自立**する。（　　）

(2) **軽率**な行動を取る。（　　）

(3) ビルを**建設**する。（　　）

(4) **節約**を心がける。（　　）

(5) **強**《ごう》**情**《じょう》な性格をしている。（　　）

(6) 国王に**服従**する。（　　）

(7) **過激**な意見を述べる。（　　）

(8) **永遠**の眠《ねむ》りにつく。（　　）

反抗	慎重	瞬間	破壊
従順	浪費	依存	穏健

2 次の各組が対義語の関係になるように、（　）に入る漢字を、□から選んで書きなさい。（完答6点×4）

(1) 豊（　）↔欠（　）

(2) （　）良↔（　）悪

(3) 起（　）↔就（　）

(4) （　）反↔（　）守

富　優　違　床　劣　乏　遵　寝

3 次の熟語の対義語を、それぞれ〔　〕から選んで書きなさい。（7点×4）

(1) 保守〔革新　危険　放任〕（　　）

(2) 原則〔反則　例外　自由〕（　　）

(3) 正統〔不正　異《い》端《たん》　害悪〕（　　）

(4) 分散〔注視　統一　集中〕（　　）

得点UP

❶ (2)「軽率」は、「よく考えないで行動する様子。軽はずみ」の意味。

❷ (2)「良」と「悪」が互《たが》いに反対の意味をもっており、（　）どうしも反対の意味をもつものが入る。

START　GOAL

対義語②

月　日

点

合格点：80点／100点

1 次の太字の熟語の対義語を□から選び、漢字に直して書きなさい。（5点×8）

(1) **冷静**に対処する。（　　）

(2) **急性**の症状《しょうじょう》が出る。（　　）

(3) **過失**による事故が発生した。（　　）

(4) **定例**の会議が始まる。（　　）

(5) **外交**に力を入れている国。（　　）

(6) 一軒《いっけん》家《や》が**密集**する。（　　）

(7) **感情**に流されないようにする。（　　）

(8) 罪状を**否**《ひ》**認**《にん》する。（　　）

ぜにん　こうふん　ないせい　りんじ
こい　さんざい　まんせい　りせい

2 次の熟語と対義語の関係になるように（　）に漢字を書き、できた熟語の読みがなを（　）に書きなさい。（完答7点×6）

(1) 相対 ↔ （　）対……（　）

(2) 苦言 ↔ （　）言……（　）

(3) 受動 ↔ （　）動……（　）

(4) 着陸 ↔ （　）陸……（　）

(5) 加害 ↔ （　）害……（　）

(6) 平凡 ↔ （　）凡……（　）

3 次の太字の熟語の対義語を、漢字で書きなさい。（6点×3）

(1) **主観的**な意見を述べる。（　　）

(2) **守備**が固いチーム。（　　）

(3) 食糧《しょくりょう》の**供給**が滞《とどこお》る。（　　）

得点UP

2 (3)「受動」は、「ほかからの働きを受けること」の意味。対義語は「自ら活動すること」の意味になる。

3 (1)「主観的」の対義語は、「主」の部分を対《つい》の漢字にする。

まとめテスト③

点

合格点：80点／100点

1 次の漢字の部首名を（　）に書き、総画数を□に答えなさい。（3点×10）

(1) 裸（　　　）・□画

(2) 窒（　　　）・□画

(3) 凍（　　　）・□画

(4) 削（　　　）・□画

(5) 逮（　　　）・□画

2 次の熟語と同じ構成の熟語を、〔　〕から選んで書きなさい。（5点×6）

(1) 遭難《そうなん》（　　　）

(2) 端的《たんてき》（　　　）

(3) 華麗《かれい》（　　　）

(4) 珍事《ちんじ》（　　　）

(5) 腹痛（　　　）

(6) 功罪（　　　）

〔騒然《そうぜん》　送迎《そうげい》　養豚《ようとん》　日没《にちぼつ》　芳香《ほうこう》　陰影《いんえい》〕

3 次の太字の中のカタカナを漢字で書き、三字熟語や四字熟語を完成させなさい。（4点×5）

(1) **コウキョウ曲**を鑑賞《かんしょう》する。（　　　）

(2) **アットウ的**に強い。（　　　）

(3) **長キョリ**を移動する。（　　　）

(4) 多数派に**付和ライドウ**する。（　　　）

(5) **ジュウオウ無尽**に飛び回る。（　　　）

4 (1)・(2)は類義語を、(3)・(4)は対義語を、それぞれ〔　〕から選んで書きなさい。（5点×4）

(1) 最期《さいご》＝〔他界　臨終　終了《しゅうりょう》〕（　　　）

(2) 尊大＝〔高慢《こうまん》　敬意　偉大《いだい》〕（　　　）

(3) 違反《いはん》↕〔保守　遵守《じゅんしゅ》　服従〕（　　　）

(4) 軽率↕〔鈍重《どんじゅう》　厳重　慎重《しんちょう》〕（　　　）

総復習テスト①

月　日

点

目標時間：20分　　合格点：80点／100点

1 次の太字の漢字の読みがなを書きなさい。（2点×16）

(1) 髪《かみ》の毛の**癖**を直す。（　　）

(2) 馬は**賢**い動物だ。（　　）

(3) 天井《てんじょう》から雨水が**漏**る。（　　）

(4) **欧米**の国々を訪ねる。（　　）

(5) 体を**鍛**えあげる。（　　）

(6) 柱に時計を**掛**ける。（　　）

(7) プラカードを**掲**げる。（　　）

(8) **卓越**した才能に驚《おどろ》く。（　　）

(9) **緊張**を和《やわ》らげる。（　　）

(10) 過去を**感慨**深く振《ふ》り返る。（　　）

(11)
ア あやまちを**悔**いる。（　　）
イ 一点差で負けて**悔**しい。（　　）

(12)
ア 推理小説を**濫読**する。（　　）
イ **監視**カメラの映像。（　　）

(13)
ア 地図を**凝視**する。（　　）
イ やり方に**疑問**を抱《いだ》く。（　　）

2 次の漢字の部首名を（　）に書き、黒い部分は何画目に書くかを□に答えなさい。（2点×8）

(1) 敏（　　）・□画目

(2) 越（　　）・□画目

(3) 隻（　　）・□画目

(4) 邪（　　）・□画目

裏面へ

3 次の太字のカタカナを漢字で書きなさい。（2点×10）

1. ペットに食事を**アタ**える。
2. 庭の**シバ**を刈《か》り取る。
3. 目的地までの**キョリ**を測る。
4. 試合で**センパイ**に勝つ。
5. 早起きしたので**ネム**い。
6. **キョダイ**な足《あし》跡《あと》が見つかる。
7. 洞《どう》くつに**エガ**かれた壁《へき》画《が》。
8. 友人を**カンゲイ**する。
9. **ツバサ**を広げてはばたく。
10. テストの点数を**ヒカク**する。

4 次の太字のカタカナを漢字と送りがなで書きなさい。（4点×5）

(1) 科学の進歩に**オドロク**。

(2) 失敗をして**ハズカシイ**。

(3) 食料品を**アツカウ**店。

(4) 裁判所に**ウッタエル**。

(5) 話し声に耳を**カタムケル**。

5 次の二字熟語と同じ構成の熟語を、それぞれ〔　〕から選んで書きなさい。（3点×4）

(1) 鶏《けい》卵《らん》〔御《ご》恩《おん》　傍《ぼう》観《かん》　雅《が》俗《ぞく》　悦《えつ》楽《らく》〕

(2) 抑《よく》揚《よう》〔排《はい》斥《せき》　辛《しん》勝《しょう》　愛《あい》憎《ぞう》　登《とう》壇《だん》〕

(3) 空《くう》虚《きょ》〔依《い》頼《らい》　屈《くっ》伸《しん》　吉《きっ》凶《きょう》　黒《こく》煙《えん》〕

(4) 開《かい》宴《えん》〔卑《ひ》劣《れつ》　湿《しつ》原《げん》　地《じ》震《しん》　喫《きっ》茶《さ》〕

総復習テスト②

月　　日

点

目標時間：20分　　合格点：80点／100点

1 次の太字の漢字の読みがなを書きなさい。（2点×10）

(1) 師匠《ししょう》の**魂**を受け継《つ》ぐ。（　　）

(2) **炎**のように燃え上がる。（　　）

(3) **休憩**時間を終える。（　　）

(4) **雪辱**を果たそうと努力する。（　　）

(5) 自分の主張を**貫**く。（　　）

(6) **携帯**に便利な傘《かさ》。（　　）

(7) 自然を**満喫**する。（　　）

(8) 魚を**脅**して網《あみ》に追い込《こ》む。（　　）

(9) 自分の**愚**かさを悔《く》いる。（　　）

(10) 字句の誤りを**訂正**する。（　　）

2 次の太字の漢字の特別な読み方を書きなさい。（4点×5）

(1) **風邪**の予防をする。（　　）

(2) **早苗**を植える季節になる。（　　）

(3) 春先は**雪崩**が起きやすい。（　　）

(4) 美しい**乙女**がたたずむ。（　　）

(5) **足袋**で畳《たたみ》を歩く。（　　）

3 次の□□に入る漢字を書き、四字熟語を完成させなさい。（3点×4）

(1) 相手の**厚顔**□□な態度に怒《おこ》る。（　　）

(2) **千載**□□のチャンスが来た。（　　）

(3) あまりに**旧態**□□とした考え方。（　　）

(4) **一触**□□の事態を招く。（　　）

裏面へ

4 次の太字のカタカナを漢字で書きなさい。（2点×16）

(1) 大きな**ハンキョウ**を呼ぶ。（　　）

(2) **コ**い味のスープを飲む。（　　）

(3) **ケンジツ**に毎日を送る。（　　）

(4) **アマ**い食べ物を控《ひか》える。（　　）

(5) **シュミ**が同じ人を探す。（　　）

(6) ダンスを**ユウガ**に踊《おど》る。（　　）

(7) **トウトツ**に意見を述べる。（　　）

(8) 機械の動きを**セイギョ**する。（　　）

(9) **サカズキ**に酒を注ぐ。（　　）

(10) 子犬がおびえて**フル**える。（　　）

(11)
ア **センレツ**な色彩《しきさい》の絵画。（　　）
イ **センレツ**から外れる。（　　）

(12)
ア 無駄《むだ》な**テイコウ**をやめる。（　　）
イ **コンテイ**にある誤解を解く。（　　）

(13)
ア 二人の意見が**ガッチ**する。（　　）
イ 目標達成は**シナン**の業《わざ》だ。（　　）

5 各組が、(1)～(4)は類義語、(5)～(8)は対義語の関係になるように、（　）に入る漢字を書きなさい。（2点×8）

(1) 手本＝模（　　）

(2) 対等＝互（　　）

(3) 無視＝黙（　　）

(4) 分別《ふんべつ》＝思（　　）

(5) 供給↔（　　）要

(6) 加害↔（　　）害

(7) 就寝《しゅうしん》↔起（　　）

(8) 守備↔攻（　　）

No.01 一字漢字の読み①

1
(1) きた
(2) か
(3) え
(4) く
(5) たましい
(6) おか
(7) か
(8) こ
(9) ひめ
(10) せ
(11) すで
(12) ほ
(13) お
(14) た
(15) はば
(16) あわ
(17) ゆ
(18) う
(19) こ
(20) つな

No.02 一字漢字の読み②

1
(1) さそ
(2) おだ
(3) おか
(4) しめ
(5) は
(6) ゆる
(7) けず
(8) ほのお
(9) へだ
(10) ぬ
(11) ただよ
(12) かたまり
(13) から
(14) ぬ
(15) いまし
(16) さむらい
(17) の
(18) なえ
(19) かた
(20) まぎ

No.03 一字漢字の読み③

1
(1) ほ
(2) こ
(3) あわ
(4) たき
(5) くせ
(6) かげ
(7) さ
(8) はだか
(9) つか
(10) うば
(11) えつ
(12) おうぎ
(13) にわとり
(14) おろ
(15) ねば
(16) おど
(17) と
(18) おき
(19) とぼ
(20) ゆず

No.04 一字漢字の読み④

1
(1) うかが
(2) あ
(3) ひか
(4) はげ
(5) なぐ
(6) こ
(7) うら
(8) むこ
(9) おろ
(10) あや
(11) ほろ
(12) と
(13) う
(14) いこ
(15) たく
(16) うで
(17) すみ
(18) やと
(19) ふ
(20) か

No.05 一字漢字の読み⑤

1
(1) し
(2) はな
(3) き
(4) かね
(5) も
(6) さかずき
(7) ともな
(8) おとろ
(9) のぼ
(10) なぐさ
(11) にく
(12) さと
(13) あ
(14) きも
(15) ふく
(16) ふくろ
(17) かか
(18) うれ
(19) かんむり
(20) くず

解説 1 (18)「憂《うれ》い」は、「心配で不安な思い」の意味。

No.06 一字漢字の読み⑥

1
(1) しずく
(2) つらぬ
(3) たくわ
(4) まぼろし
(5) しば
(6) ふさ
(7) あら
(8) きく
(9) こうむ
(10) ぶた
(11) くじら
(12) ことぶき
(13) かしこ
(14) かみ
(15) かえり
(16) おさ
(17) さまた
(18) ほ
(19) す
(20) おもむ

解説 1 (8)「菊《きく》」には、訓読みがない。「きく」は音読み。

No.07 熟語の読み①

1
(1) こうがい
(2) ようち
(3) ぎゃくたい
(4) ほうよう
(5) ふたご
(6) ぼたい
(7) りんかく
(8) こどく
(9) こくふく
(10) かちく
(11) たんこう
(12) ごくちゅう
(13) かいこん
(14) さっかく
(15) そうと
(16) けいじ
(17) ずいひつ
(18) こうてい
(19) いっきん
(20) いたく

解説 1 (9)「克服《こくふく》」は、「努力して打ち勝つ」の意味。

No. 08 熟語の読み②

1

(1) がいとう
(2) ちょうぼ
(3) こうみょう
(4) じょうざい
(5) かんわ
(6) せっしゅ
(7) かいぞく
(8) しょうあく
(9) きょうい
(10) たいほ
(11) がし
(12) こうかん
(13) らくたん
(14) ふきつ
(15) ちっそ
(16) ふさい
(17) はっこう
(18) しっそう
(19) せつじょく
(20) きし

解説 1 (5)「緩」は、「暖（ダン）」と間違《まちが》えない。

No. 09 熟語の読み③

1

(1) ざんてい
(2) てつがく
(3) じょうだん
(4) とくめい
(5) ふくし
(6) とうげい
(7) かんじょう
(8) みりょく
(9) くうきょ
(10) はいせき
(11) たいぐう
(12) せんたく
(13) けつじょ
(14) ふごう
(15) まんきつ
(16) かんがい
(17) ちゅうしゃ
(18) えんかい
(19) きろ
(20) けっしょう

解説 1 (10)「斥」は、「斤（キン）」と間違《まちが》えない。

No. 10 熟語の読み④

1

(1) じょこう
(2) ろうえい
(3) ていせい
(4) ぼっとう
(5) さいぼう
(6) しょうげき
(7) なんばん
(8) けいやく
(9) ほうが
(10) えつらん
(11) きんちょう
(12) おうべい
(13) けいほう
(14) きょしょう
(15) かきょう
(16) けんやく
(17) いれい
(18) しゅうかく
(19) ろうば
(20) かいきょう

解説 1 (14)「巨」は、「臣（シン）」と間違《まちが》えない。

No. 11 熟語の読み⑤

1

(1) こはん
(2) れいじょう
(3) かんつう
(4) きせき
(5) じゃま
(6) きそ
(7) さんがく
(8) かいこん
(9) ゆうかん
(10) きけん
(11) ぼうちょう
(12) そくばく
(13) せきひ
(14) しんきじく
(15) きゅうけい
(16) もほう
(17) ちんれつ
(18) しんずい
(19) たくえつ
(20) かだん

解説 1 (19)「卓越《たくえつ》」は、「他より優《すぐ》れていること」の意味。

No. 12 熟語の読み⑥

1

(1) ひきん
(2) ぎせい
(3) かんき
(4) けいさい
(5) さんぼう
(6) とくしゅ
(7) ちゅうせん
(8) おんびん
(9) しょうぎ
(10) じゅんすい
(11) けいたい
(12) ごらく
(13) のうこん
(14) かんかく
(15) しんぎ
(16) しょせき
(17) ばっさい
(18) ぐうぜん
(19) こうそく
(20) がいねん

解説 1 (8)「穏」は、「隠（イン）」と間違《まちが》えない。

No. 13 特別な読み方

1

(1) わこうど
(2) あずき
(3) しらが
(4) えがお
(5) いなか
(6) ふぶき
(7) なだれ
(8) かわせ
(9) しばふ
(10) たび
(11) かたず
(12) おとめ
(13) みやげ
(14) かぜ
(15) ゆくえ
(16) さなえ
(17) じゃり
(18) なごり
(19) ひより
(20) しゃみせん

解説 1 (2)「小豆《あずき》」は、「こまめ」と読まないように注意。

No. 14 複数の音読みをもつ漢字

1

(1) **ア**こんきょ **イ**しょうこ
(2) **ア**ふういん **イ**ほうけん
(3) **ア**こうおつ **イ**かんだか
(4) **ア**ちえ **イ**おんけい
(5) **ア**どうはん **イ**ばんそう
(6) **ア**ぎょうてん **イ**しんこう
(7) **ア**ほうし **イ**ぶぎょう
(8) **ア**ひょうし **イ**はくしゅ
(9) **ア**じゅうどう **イ**にゅうわ
(10) **ア**しっぴつ **イ**しゅうねん

解説 1 (9) イ「柔《じゅう》和《わ》」は、「穏《おだ》やかで優《やさ》しいこと」の意味。

No.15 複数の訓読みをもつ漢字

1

(1) アしぼ イし
(2) アすべ イなめ
(3) アひそ イもぐ
(4) アうるお イうる
(5) アふ イさわ
(6) アおこた イなま
(7) アく イくや
(8) アよめ イとつ
(9) アとこ イゆか
(10) アこお イこご

解説 1 送りがなにも注目して、正しく読み分ける。

No.16 誤りやすい読み①

1

(1) うなが
(2) いっせき
(3) あ
(4) ようしゃ
(5) もよお
(6) たいしゃく
(7) しわざ
(8) しっつい
(9) とくじつ
(10) つの
(11) れんか
(12) しんさん
(13) くわだ
(14) はか
(15) しょうだく
(16) きひ
(17) かんり
(18) とどこお
(19) じゅんたく
(20) ほどこ

解説 1 (12)「辛」は、「幸(コウ)」と間違《まちが》えない。

No.17 誤りやすい読み②

1

(1) い
(2) したく
(3) あざむ
(4) しゅしょう
(5) した
(6) たずさ
(7) つくろ
(8) ふにん
(9) ふくえき
(10) すいこう

2

(1) アかんし イらんどく
(2) アそち イしゃっきん
(3) アそんけい イじゅんしゅ
(4) アぎょうし イぎもん
(5) アきんぞく イいしょく

解説 1 (4)「首相《しゅしょう》」は、「しゅそう」と読まないように。

No.18 まとめテスト①

1

(1) う
(2) ひか
(3) ぬ
(4) おもむ
(5) ゆず
(6) はな
(7) ぼっとう
(8) こくふく
(9) ろうば
(10) きそ
(11) かんわ
(12) みりょく
(13) じゅんしゅ
(14) すいこう
(15) はか
(16) したく
(17) アじゅうどう イにゅうわ
(18) アひそ イもぐ

解説 1 (13)「遵」は、「尊(ソン)」と間違《まちが》えない。

No.19 一字漢字の書き①

1

(1) 触
(2) 床
(3) 曇
(4) 描
(5) 寂
(6) 霧
(7) 尾
(8) 与
(9) 腰
(10) 駆
(11) 沈
(12) 盆
(13) 狩
(14) 互
(15) 吹
(16) 黙
(17) 抜
(18) 込
(19) 雷
(20) 暇

解説 1 (19)「雷《かみなり》」は形の似た「電」と書かないように。

No.20 一字漢字の書き②

1

(1) 吐
(2) 丘
(3) 払
(4) 濁
(5) 震
(6) 飾
(7) 繰
(8) 桃
(9) 逃
(10) 浮
(11) 芋
(12) 悩
(13) 跳
(14) 遅
(15) 淡
(16) 甘
(17) 獣
(18) 冒
(19) 載
(20) 露

解説 1 (1)「吐《は》く」は同訓異字の「履《は》く」「掃《は》く」に注意。

No.21 一字漢字の書き③

1

(1) 病
(2) 盾
(3) 茎
(4) 泊
(5) 寸
(6) 陣
(7) 敷
(8) 朱
(9) 汗
(10) 溶
(11) 抱
(12) 舞
(13) 越
(14) 胴
(15) 跡
(16) 惑
(17) 妙
(18) 峠
(19) 峰
(20) 煮

解説 1 (4)「泊」は形の似た「拍」と書かないように。

No. 22 一字漢字の書き④

1
(1) 端
(2) 被
(3) 壁
(4) 隠
(5) 濃
(6) 粒
(7) 暦
(8) 柄
(9) 眠
(10) 奥
(11) 渡
(12) 煙
(13) 倒
(14) 幅
(15) 劣
(16) 畳
(17) 誉
(18) 雄
(19) 詰
(20) 鎖

解説 1 (20)「鎖《くさり》」は形の似た「鎮」と書かないように。

No. 23 一字漢字の書き⑤

1
(1) 茂
(2) 怒
(3) 脱
(4) 戒
(5) 芝
(6) 罰
(7) 斜
(8) 杯
(9) 腕
(10) 腐
(11) 趣
(12) 稲
(13) 軒
(14) 隣
(15) 扇
(16) 髪
(17) 召
(18) 浜
(19) 剣
(20) 避

解説 1 (20)「避《さ》ける」は同訓異字の「裂《さ》ける」に注意。

No. 24 一字漢字の書き⑥

1
(1) 鈍
(2) 枯
(3) 皆
(4) 鬼
(5) 沼
(6) 盗
(7) 堤
(8) 塔
(9) 透
(10) 恋
(11) 嘆
(12) 沖
(13) 翼
(14) 摘
(15) 網
(16) 涙
(17) 娘
(18) 襲
(19) 含
(20) 縁

解説 1 (14)「摘」は形の似た「滴」と書かないように。

No. 25 熟語の書き①

1
(1) 舗装
(2) 途中
(3) 反響
(4) 監視
(5) 光沢
(6) 敏感
(7) 吹奏
(8) 丹念
(9) 非凡
(10) 俗説
(11) 抗議
(12) 圏内
(13) 環境
(14) 額縁
(15) 決壊
(16) 恩恵
(17) 菓子
(18) 距離
(19) 朱肉
(20) 汚染

解説 1 (4)「監視《かんし》」は同音異義語の「環視《かんし》」に注意。

No. 26 熟語の書き②

1
(1) 雌雄
(2) 先輩
(3) 優秀
(4) 傾向
(5) 採掘
(6) 帽子
(7) 斜面
(8) 避難
(9) 即座
(10) 渡航
(11) 濃厚
(12) 温床
(13) 紹介
(14) 遺跡
(15) 濁流
(16) 闘志
(17) 是正
(18) 撃退
(19) 拍手
(20) 慎重

解説 1 (5)「掘」は形の似た「堀」と書かないように。

No. 27 熟語の書き③

1
(1) 猛威
(2) 乾燥
(3) 砲丸
(4) 需要
(5) 絶叫
(6) 唐突
(7) 項目
(8) 箇所
(9) 屈折
(10) 趣味
(11) 告訴
(12) 繁殖
(13) 皮膚
(14) 一般
(15) 優雅
(16) 一軒
(17) 相互
(18) 凶作
(19) 家紋
(20) 鉛筆

解説 1 (19)「紋」は形の似た「絞」と書かないように。

No. 28 熟語の書き④

1
(1) 地盤
(2) 新鮮
(3) 仰天
(4) 制御
(5) 戯曲
(6) 玄関
(7) 違反
(8) 召集
(9) 跳躍
(10) 匹敵
(11) 矛盾
(12) 猛獣
(13) 退却
(14) 行儀
(15) 専攻
(16) 巨大
(17) 噴出
(18) 砂丘
(19) 結婚
(20) 陣頭

解説 1 (10)「匹敵《ひってき》」は、「力がほぼ同等なこと」の意味。

No.29 熟語の書き⑤

1
(1) 閉鎖
(2) 握力
(3) 冷淡
(4) 遠征
(5) 開拓
(6) 範囲
(7) 宮殿
(8) 旧姓
(9) 豪雨
(10) 尾行
(11) 執筆
(12) 爆音
(13) 兼任
(14) 行為
(15) 警戒
(16) 要旨
(17) 釈明
(18) 修飾
(19) 彼岸
(20) 越冬

解説 1 (19)「彼」は、同音異字の「疲・披・被」に注意。

No.30 熟語の書き⑥

1
(1) 比較
(2) 販売
(3) 原稿
(4) 憶測
(5) 脂肪
(6) 洗剤
(7) 詳細
(8) 宿泊
(9) 歓迎
(10) 鑑定
(11) 巡回
(12) 堅実
(13) 応援
(14) 弾圧
(15) 線香
(16) 耐熱
(17) 瞬間
(18) 皆勤
(19) 奇抜
(20) 沈黙

解説 1 (4)「憶《おく》測《そく》」は、「根《こん》拠《きょ》なく推測すること」の意味。

No.31 送りがな①

1
(1) 押さえる
(2) 占う
(3) 及ぼす
(4) 尋ねる
(5) 詳しい
(6) 尽きる
(7) 伺う
(8) 恥ずかしい
(9) 鮮やか
(10) 恵み
(11) 壊れる
(12) 狭める
(13) 誇り
(14) 響く
(15) 乾かす
(16) 荒い
(17) 忙しい
(18) 恐ろしい
(19) 珍しい
(20) 訴える

解説 1 (4)「尋《たず》ねる」は同訓異字の「訪ねる」に注意。

No.32 送りがな②

1
(1) 兼ねる
(2) 汚い
(3) 捕まえる
(4) 扱う
(5) 鋭い
(6) 偉い
(7) 傾ける
(8) 叫ぶ
(9) 慎む
(10) 頼もしい
(11) 輝く
(12) 刺さる
(13) 騒ぐ
(14) 巡る
(15) 攻める
(16) 勧める
(17) 驚く
(18) 柔らかい
(19) 浸す
(20) 迎える

解説 1 (15)「攻《せ》める」は同訓異字の「責める」に注意。

No.33 同訓異字

1
(1) **ア** 着 **イ** 突
(2) **ア** 影 **イ** 陰
(3) **ア** 割 **イ** 咲
(4) **ア** 済 **イ** 澄
(5) **ア** 沿 **イ** 添
(6) **ア** 弾 **イ** 引
(7) **ア** 離 **イ** 放
(8) **ア** 刈 **イ** 狩
(9) **ア** 型 **イ** 肩
(10) **ア** 贈 **イ** 送

解説 1 (3) **ア**「割《さ》く」は、「別の用にあてる」の意味。

No.34 同音異義語①

1
(1) **ア** 祈念 **イ** 記念
(2) **ア** 不況 **イ** 不興
(3) **ア** 威信 **イ** 維新
(4) **ア** 恒例 **イ** 好例
(5) **ア** 気迫 **イ** 希薄
(6) **ア** 占拠 **イ** 選挙
(7) **ア** 異彩 **イ** 委細
(8) **ア** 未踏 **イ** 未到
(9) **ア** 征服 **イ** 制服
(10) **ア** 強豪 **イ** 競合

解説 1 (1) **ア**「祈《き》念《ねん》」は、「祈願」の類義語。

No.35 同音異義語②

1
(1) **ア** 継承 **イ** 敬称
(2) **ア** 介抱 **イ** 快方
(3) **ア** 添付 **イ** 天賦
(4) **ア** 不振 **イ** 不審
(5) **ア** 経緯 **イ** 敬意
(6) **ア** 鮮烈 **イ** 戦列
(7) **ア** 荒天 **イ** 好天
(8) **ア** 依然 **イ** 以前
(9) **ア** 普及 **イ** 不朽
(10) **ア** 誇示 **イ** 固辞

解説 1 (5) **ア**「経《けい》緯《い》」は「物事の筋道。いきさつ」の意味。

No.36 誤りやすい書き①

1
(1) 自慢
(2) 踏襲
(3) 雌
(4) 失脚
(5) 掘
(6) 派遣
(7) 記載
(8) 搬入
(9) 摘発
(10) 薪
(11) 漫然
(12) 侵略
(13) 欄干
(14) 幾重
(15) 迎合
(16) 水滴
(17) 療養
(18) 微妙
(19) 遠慮
(20) 奴隷

解説 **1** (1)「慢」は、同音異字の「漫」に注意。

No.37 誤りやすい書き②

1
(1) 獲得
(2) 静寂
(3) 鼓動
(4) 駆使
(5) 徴収
(6) 浸透
(7) 余暇
(8) 更新
(9) 吐露
(10) 含蓄

2
(1) **ア** 合致 **イ** 至難
(2) **ア** 抵抗 **イ** 根底
(3) **ア** 被害 **イ** 疲労
(4) **ア** 悲嘆 **イ** 漢文
(5) **ア** 矛先 **イ** 予感

解説 **1** (5)「徴」は形の似た「微」と書かないように。

No.38 まとめテスト②

1
(1) 抱
(2) 抜
(3) 載
(4) 浮
(5) 範囲
(6) 詰
(7) 丹念
(8) 丈
(9) 避難
(10) 新鮮
(11) 吐
(12) 弾圧
(13) 療養
(14) 遠慮
(15) 摘発
(16) 徴収
(17) **ア** 済 **イ** 澄
(18) **ア** 継承 **イ** 敬称

解説 **1** (9)「避難《ひなん》」は同音異義語の「非難（批難）」に注意。

No.39 部首・画数

1
(1) 戸・とだれ
(2) ネ・しめすへん
(3) 攵・ぼくにょう
(4) 儿・ひとあし
(5) 冖・わかんむり
(6) 隹・ふるとり
(7) ネ・ころもへん
(8) 欠・あくび

2
(1) 10 (2) 4
(3) 9 (4) 11
(5) 9 (6) 16

3
(1) 穴・5
(2) 門・8
(3) 弓・3
(4) 皿・5
(5) 覀・6
(6) 阝・3

解説 **1** (4)「にんにょう」、(8)「かける・けつ」とも呼ぶ。 **2** (2)「子」は3画、(3)「廿」は5画で書く。

No.40 部首・画数・筆順①

1
(1) 寸
(2) 殳
(3) 力
(4) 日
(5) 鬼

2
(1) 企
(2) 贈
(3) 厘
(4) 巧

3
(1) 疾
(2) 卓
(3) 袋

4
(1) **イ**
(2) **ア**
(3) **イ**
(4) **イ**

解説 **2** (1)「金」と「食」は、漢字全体が部首で、「命」は「口」が部首。 **3** (1)は10画、(2)は8画、(3)は11画の漢字を選ぶ。

No.41 部首・画数・筆順②

1
(1) 灬・れんが（れっか）
(2) 尸・しかばね（かばね）
(3) 阝・おおざと
(4) 月・にくづき

2
(1) **オ** (2) **イ**
(3) **ア** (4) **ウ**
(5) **カ** (6) **エ**

3
(1) 7 (2) 8
(3) 3 (4) 12
(5) 9 (6) 8

4
(1) 5 (2) 7
(3) 6 (4) 3
(5) 10 (6) 7

解説 **3** 部首は、(1)「卩」、(2)「手」、(3)「戈」、(4)「宀」、(5)「行」、(6)「舛」。 **4** (3)「女 女 女 姫 姫」、(4)「⺊ ⺊ 广 虍 虍 虚」、(6)「日 旦 旦 昇 昇」と書く。

No.42 二字熟語の構成①

1
(1) 依頼
(2) 送迎
(3) 濃霧
(4) 耐震
(5) 地震
(6) 不遇
(7) 真昼
(8) 端的

2
(1) 無縁
(2) 黒煙
(3) 盛衰
(4) 鎮痛
(5) 私有

3
(1) 排 (2) 離
(3) 陰 (4) 載
(5) 卑 (6) 虚

解説 **2** 構成は、(1)「上が下を打ち消す」、(3)「上下が反対の意味」、(4)「下が上の動作の対象」、(5)「上下が主語・述語」。

No.43 二字熟語の構成②

❶
(1)かれい　(2)よくよう　(3)ほうこう　(4)かいえん　(5)らいめい　(6)みすい　(7)ごおん　(8)そうぜん

❷
(1)知性　(2)登壇　(3)霊魂　(4)辛勝

❸
功罪・添削・起伏・吉凶・愛憎・需給（順不同）

解説　❶(2)「抑揚《よくよう》」は「音や言葉の調子を上げ下げすること」。❷(1)「知性」の「性」が接尾《せつび》語。(2)「登壇《とうだん》」は「壇に登ること」。

No.44 三字熟語①

❶
(1)ちょうきょり　(2)こうしんりょう　(3)ようこうろ　(4)ほうどうじん　(5)しんびがん　(6)ろうばしん　(7)おおごしょ　(8)ちょうこくとう

❷
(1)儀　(2)幾　(3)響　(4)奴　(5)彩　(6)剤　(7)暦　(8)量　(9)軒　(10)影　(11)灯　(12)粒

解説　❶(5)「審美《しんび》眼《がん》」は「美しいものを見分ける能力」。❷(8)「感無量」は「感動がはかりしれないほど大きいこと」。

No.45 三字熟語②

❶
(1)きゅうしゃめん・むこようし　(2)たくじしょ・ばいしんいん　(3)しょうちくばい・しんぜんび
（(1)～(3)は順不同）

❷
(1)未　(2)感　(3)無　(4)的　(5)不　(6)性

❸
(1)大気圏　(2)破天荒　(3)紫外線　(4)通信網　(5)無尽蔵　(6)不可避　(7)歌謡曲　(8)浮世絵　(9)防波堤　(10)過渡期

No.46 四字熟語①

❶
前人未踏・電光石火・首尾一貫・離合集散・同床異夢・一網打尽・一刀両断・支離滅裂
（順不同）

❷
(1)二・三　(2)七・八　(3)千・万　(4)千・一　(5)三・四　(6)四・五

❸
(1)ぼうじゃくぶじん　(2)じゅんぷうまんぱん　(3)あっこうぞうごん　(4)びじれいく　(5)こぐんふんとう

❹
(1)深長　(2)依然　(3)背反　(4)消沈

No.47 四字熟語②

❶
(1)霧　(2)髪　(3)付　(4)恥

❷
(1)曲　(2)念　(3)鬼　(4)到　(5)混　(6)腹

❸
(1)自暴　(2)無味　(3)即発　(4)優柔　(5)奇想　(6)無援　(7)気鋭　(8)無尽　(9)即妙　(10)喜怒

解説　❶(3)「付和《ふわ》雷《らい》同《どう》」は「意見がなく、安易に人の意見に従うこと」。❷(1)「同工異曲」は「見かけは違《ちが》っても内容は同じであること」。

No.48 類義語①

❶
(1)りょうしょう　(2)りんじゅう　(3)えんじゃ　(4)きばつ　(5)きんりん　(6)しりょ　(7)ちき　(8)けんい

❷
(1)敬服　(2)体裁　(3)末路

❸
(1)似　(2)援　(3)濃　(4)針　(5)領　(6)俗

解説　❶(7)「知己」は「ちこ」と読まないように。❸(2)「後《こう》援《えん》」「応援」なども類義語。

No.49 類義語②

❶
(1)佳　(2)凶　(3)契　(4)倹　(5)符　(6)儀

❷
(1)沈　(2)歴　(3)腕　(4)慣　(5)途

❸
(1)傾向　(2)突然　(3)黙殺　(4)模範　(5)屈指　(6)互角　(7)刊行　(8)冷淡

解説　❷(1)「冷《れい》静《せい》沈《ちん》着《ちゃく》」のように四字熟語で使われることもある。❸(8)「非情」「冷《れい》酷《こく》」なども類義語。

No. 50 対義語①

❶
(1)いそん（いぞん）
(2)しんちょう
(3)はかい
(4)ろうひ
(5)じゅうじゅん
(6)はんこう
(7)おんけん
(8)しゅんかん

❷
(1)富・乏
(2)優・劣
(3)床・寝
(4)違・遵

❸
(1)革新
(2)例外
(3)異端
(4)集中

解説 ❶(5)「従順」は「素直《すなお》で人に逆らわないこと」。(7)「穏健《おんけん》」は「穏《おだ》やかでしっかりしている様子」。

No. 51 対義語②

❶
(1)興奮
(2)慢性
(3)故意
(4)臨時
(5)内政
(6)散在
(7)理性
(8)是認

❷
(1)絶・ぜったい
(2)甘・かんげん
(3)能・のうどう
(4)離・りりく
(5)被・ひがい
(6)非・ひぼん

❸
(1)客観的
(2)攻撃
(3)需要

解説 ❷(1)「相対」は「関係し合って成り立つこと」、「絶対」は「他に比べるものがないこと」。

No. 52 まとめテスト③

❶
(1)ころもへん・13
(2)あなかんむり・11
(3)にすい・10
(4)りっとう・9
(5)しんにょう（しんにゅう）・11

❷
(1)養豚
(2)騒然
(3)陰影
(4)芳香
(5)日没
(6)送迎

❸
(1)交響
(2)圧倒
(3)距離
(4)雷同
(5)縦横

❹
(1)臨終
(2)高慢
(3)遵守
(4)慎重

No. 53 総復習テスト①

❶
(1)くせ
(2)かしこ
(3)も
(4)おうべい
(5)きた
(6)か
(7)かか
(8)たくえつ
(9)きんちょう
(10)かんがい
(11)ア く　イ くや
(12)ア らんどく　イ かんし
(13)ア ぎょうし　イ ぎもん

❷
(1)ぼくにょう（のぶん・ぼくづくり）・6
(2)そうにょう・8
(3)ふるとり・5
(4)おおざと・8

❸
(1)与
(2)芝
(3)距離
(4)先輩
(5)眠
(6)巨大
(7)描
(8)歓迎
(9)翼
(10)比較

❹
(1)驚く
(2)恥ずかしい
(3)扱う
(4)訴える
(5)傾ける

❺
(1)傍観
(2)愛憎
(3)依頼
(4)喫茶

解説 ❷(4)「阝」は、「⺈ 阝 阝」と書く。❺(1)「鶏卵《けいらん》」と「傍観《ぼうかん》」は、「上が下を修飾《しゅうしょく》する」。

No. 54 総復習テスト②

❶
(1)たましい
(2)ほのお
(3)きゅうけい
(4)せつじょく
(5)つらぬ
(6)けいたい
(7)まんきつ
(8)おど
(9)おろ
(10)ていせい

❷
(1)かぜ
(2)さなえ
(3)なだれ
(4)おとめ
(5)たび

❸
(1)無恥
(2)一遇
(3)依然
(4)即発

❹
(1)反響
(2)濃　(3)堅実
(4)甘
(5)趣味
(6)優雅
(7)唐突
(8)制御
(9)杯　(10)震
(11)ア 鮮烈　イ 戦列
(12)ア 抵抗　イ 根底
(13)ア 合致　イ 至難

❺
(1)範　(2)角
(3)殺　(4)慮
(5)需　(6)被
(7)床　(8)撃

解説 ❸(1)「厚顔無恥《こうがんむち》」は「厚かましく恥《はじ》知らずなこと」。(3)「旧態依然《きゅうたいいぜん》」は「昔のまま進歩のない様子」。❺(8)「攻撃《こうげき》」の対義語には「防御《ぼうぎょ》」もある。

No. 01

基本レベル英単語

名詞(1)

1 下線の語の意味として適するものを右から選び，記号で答えなさい。 (6点×5)

(1) I write in my diary every day. (　　)

(2) We took part in volunteer activities. (　　)

(3) I got some information on the internet. (　　)

(4) We use a lot of electricity every day. (　　)

(5) Let's take a break after you finish the work. (　　)

ア 情報
イ 活動
ウ 電気
エ 日記
オ 休憩

2 日本文に合うように，与えられた文字から始まる語を(　　)に入れなさい。 (7点×2)

(1) 彼は大きなまちがいをしました。

He made a big (m　　　　　).

(2) 空の旅はいかがでしたか。— すばらしかったです。

How was your (f　　　　　)? — It was great.

3 (　　)に適する語を右から選んで入れなさい。 (8点×5)

(1) Could you tell me the (　　　　　) to the station?

(2) I feel sick. I think I caught a (　　　　　).

(3) I heard the (　　　　　) about her success.

(4) John had a (　　　　　) with his computer.

(5) Aki is a (　　　　　). She works at a hospital.

cold
news
problem
doctor
way

4 与えられた文字から始まる語を(　　)に入れて，英文を完成しなさい。 (8点×2)

Look at this picture. This is my (1)(u　　　　　). His name is Jiro. He's my father's brother. He lives in Chiba. He has two (2)(c　　　　　), a son and a daughter.

得点UP

❶ (2) take part in ～ は「～に参加する」という意味。took は take の過去形。

❸ (2) feel sick は「具合が悪い」という意味。

START　GOAL

No. 02

基本レベル英単語

名詞(2)

月　　日

点

合格点：80点／100点

1 日本語に適する英語を書きなさい。与えられた文字から書き始めること。（6点×6）

(1) 活動　（a　　　　　　）　(2) 市場　（m　　　　　　）

(3) 問題　（p　　　　　　）　(4) 戦争　（w　　　　　　）

(5) 危険　（d　　　　　　）　(6) 平和　（p　　　　　　）

2 （　　）内から最も適する語を選び，○で囲みなさい。（6点×6）

(1) Kyoto has a lot of good (places / news / flights) to visit.

(2) Rie won first (game / prize / fact) in the English speech contest.

(3) I gave my (seat / diary / side) to an old woman on the bus.

(4) I hurried to the (library / castle / station) this morning, but I couldn't catch the train.

(5) Mr. Tanaka works as a (player / teacher / volunteer) at a hospital. He helps elderly people.

(6) *A* : What did you do during the summer (treasure / vacation / north)?

B : I went camping with my family for a week.

3 与えられた文字から始まる語を（　　）に入れて，英文を完成しなさい。（7点×4）

(1) (T　　　　　　) is the day after Wednesday.

(2) *A* : Which (s　　　　　　) do you like the best?

B : I like winter the best because I can enjoy skiing.

(3) *A* : What's the (p　　　　　　) of your city?

B : About three million. There are a lot of people in our city.

(4) *A* : Why don't we go to the zoo today?

B : That's a good (i　　　　　　). Let's go.

得点UP

❷ (4) catch には「つかまえる」という意味のほか，「(乗り物に)間に合う」という意味もある。

❸ (3)人口をたずねるときは，×How many ではなく，What を使う。

START　　GOAL

動詞(1)

月　日

点

合格点：78点／100点

1 次の動詞の過去分詞を書きなさい。 (6点×6)

(1) be (　　　　)　(2) speak (　　　　)

(3) make (　　　　)　(4) read (　　　　)

(5) know (　　　　)　(6) take (　　　　)

2 日本文に合うように，(　　)に適する語を下から選んで入れなさい。必要ならば適する形にかえること。 (6点×4)

(1) Do you (　　　　) me?　(あなたは私のことを覚えていますか。)

(2) Bill (　　　　) our club.　(ビルは私たちのクラブに参加しました。)

(3) Just (　　　　) the button.　(そのボタンを押すだけです。)

(4) A cat (　　　　) the room.　(ネコが部屋の中に入りました。)

[enter　forget　join　push　remember]

3 (　　)内から最も適する語を選び，○で囲みなさい。 (8点×3)

(1) Lisa (watched / looked / showed) us some pictures and talked about her country.

(2) My opinion is different from Ken's. I don't (answer / agree / solve) with him.

(3) The letter from my grandma (named / made / called) me very happy.

4 与えられた文字から始まる語を(　　)に入れて，英文を完成しなさい。 (8点×2)

A：How do you go to school?

B：I (1) (w　　　　) to school because I live near my school, but some students (2) (t　　　　) the bus.

得点UP

❶ 過去分詞は動詞の活用形のひとつで，**受け身**の文や**現在完了形**の文で使う。

❷ (4)「～の中に入る」はほかに **go[come] into ～** などを使っても表せる。

No. 04

基本レベル英単語

動詞(2)

月　日

点

合格点：80点／100点

1 次の動詞の過去分詞を書きなさい。 (6点×6)

(1) get (　　　　)　(2) see (　　　　)

(3) write (　　　　)　(4) hold (　　　　)

(5) build (　　　　)　(6) sell (　　　　)

2 日本文に合うように，(　　)に適する語を下から選んで入れなさい。必要ならば適する形にかえること。 (6点×6)

(1) Suddenly the sun (　　　　). (急に太陽が見えなくなりました。)

(2) Kumi (　　　　) a picture. (久美は絵の具で絵をかきました。)

(3) I couldn't (　　　　) well last night. (私は昨夜はよく眠れませんでした。)

(4) The man was (　　　　) in the war. (その男性は戦争で死にました。)

(5) The wind is (　　　　) hard. (風が強く吹いています。)

(6) The movie (　　　　) at five. (映画は5時に終わります。)

[blow　create　disappear　end　kill　paint　sleep]

3 (　　)内から最も適する語を選び，○で囲みなさい。 (7点×4)

(1) I think English is useful because it is (spoken / thought / played) all over the world.

(2) Bob (washed / broke / caught) his leg in a car accident. He's in the hospital now.

(3) I'm thirsty. I want something cold to (drink / grow / cook).

(4) *A*：Do you usually use this computer, Mike?

B：Yes, I do. I often use it to (carry / send / move) e-mails.

得点UP

❷ (2)「(鉛筆などで線画を)かく」という場合には draw を使う。

❸ (2) be in the hospital は「入院している，病院の中にいる」という意味。

形容詞(1)

月　日

点

合格点：76 点／100 点

1 下線の語の意味として適するものを下から選び，記号で答えなさい。 (8点×4)

(1) I feel weak with hunger. (　　)

(2) It will be difficult, but it's possible. (　　)

(3) It's a traditional Japanese dress. (　　)

(4) This place is always hot and dry. (　　)

［ ア 可能な　イ 乾燥した　ウ 伝統的な　エ 弱った ］

2 日本文に合うように，与えられた文字から始まる語を(　　)に入れなさい。 (8点×4)

(1) 健はその計画に関して自分自身の考えを持っていました。

Ken had his (o　　　　) ideas about the plan.

(2) 由美はきっとそのプレゼントを気に入ると思います。

I'm (s　　　　) that Yumi will like the present.

(3) ほとんどの生徒は歩いて登校します。

(M　　　　) students walk to school.

(4) 彼にはきょうだいは１人もいません。

He has (n　　　　) brothers or sisters.

3 与えられた文字から始まる語を(　　)に入れて，英文を完成しなさい。 (9点×4)

(1) Thirty minutes is (h　　　　) an hour.

(2) January is the (f　　　　) month of the year.

(3) I got up early this morning, so I'm very (s　　　　) now.

(4) *A*：Are you all right, Ken?

B：No, I'm very (t　　　　) because I worked hard all day.

得点UP

2 (1) his, my, your などの所有格のあとに置いて使われ，**意味を強める働き**をする。
(4) **not … any ～**(1人・1つも～ない)を使って書きかえることもできる。

副詞(1)

月　日

点

合格点：76 点／100 点

1 下線の語の意味として適するものを右から選び，記号で答えなさい。 (7点×4)

(1) The man left the room <u>quickly</u>. (　　)
(2) She comes here <u>almost</u> every day. (　　)
(3) We <u>finally</u> finished our homework. (　　)
(4) It's cold here, <u>especially</u> in winter. (　　)

ア 特に
イ ほとんど
ウ すばやく
エ とうとう

2 日本文に合うように，与えられた文字から始まる語を(　　)に入れなさい。 (8点×5)

(1) あとで電話します。 I'll call you (l　　　　　).

(2) 私はそのときテレビを見ていました。
I was watching TV (t　　　　　).

(3) 小さな子どもでさえその機械を使えます。
(E　　　　　) little children can use the machine.

(4) 加藤さんは英語を話します。彼女はまたスペイン語も話せます。
Ms. Kato speaks English. She can (a　　　　　) speak Spanish.

(5) いっしょに昼食を食べましょう。
Let's have lunch (t　　　　　).

3 与えられた文字から始まる語を(　　)に入れて，英文を完成しなさい。 (8点×4)

(1) I can't buy this bike. It's (t　　　　　) expensive for me.

(2) I don't know Mr. Hill. I've (n　　　　　) met him before.

(3) *A* : Keita, please walk more (s　　　　　).
B : Was I walking so fast? Sorry, Ann.

(4) *A* : I can't speak French.
B : I can't, (e　　　　　).

得点UP

3 (1) expensive は「**高価な**」という意味。反対の意味を表す語は cheap(安い)。
(2) before には副詞として「**以前に**」のほか，前置詞として「**〜の前に**」という意味もある。

代名詞(1)

月　日

点

合格点：80点／100点

1 (　)に適する語を右から選んで入れなさい。同じ語は2度使えません。(6点×5)

(1) These books are (　　　　).
(2) Hello, (　　　　) is Bill. Can I speak to Ken?
(3) Mr. Suzuki is (　　　　) teacher.
(4) Ms. Smith teaches (　　　　) English.
(5) Is (　　　　) snowing outside?

[our / us / ours / it / this]

2 下線の語の意味として適するものを右から選び，記号で答えなさい。(7点×5)

(1) Do you have anything to say? (　　)
(2) I must do it myself. (　　)
(3) Someone is coming here. (　　)
(4) If you don't have a pen, use mine. (　　)
(5) She knows everything. (　　)

[ア 私のもの　イ 私自身で　ウ だれか　エ 何か　オ 何でも]

3 日本文に合うように，(　)に適する語を入れなさい。(7点×5)

(1) どうぞ自由に取って食べてください，ルーク。
Please help (　　　　), Luke.

(2) 私は，今日は何もすることがありません。
I have (　　　　) to do today.

(3) テッドはネコを２匹飼っています。１匹は白で，もう１匹は黒です。
Ted has two cats. One is white and the (　　　　) is black.

(4) 彼らは２人ともギターがひけます。
(　　　　) of them can play the guitar.

(5) だれも会合にやって来ませんでした。
No (　　　　) came to the meeting.

得点UP

1 (1) these は this の複数形。that の複数形は **those**。

3 (3)2つ・2人のうちの「残りの1つ・1人」には another は使わない。**another** は3つ以上のうちの「**もう1つ**」。

No. 08

基本レベル英単語

熟語(1)・場面別表現（ディスカッション）

月　日

点

合格点：76点／100点

1 会話が完成するように，与えられた文字から始まる語を（　）に入れなさい。

（8点×3）

Chie：I think it's better to travel by plane (1)（b　　　　）it's faster than by train. For (2)（e　　　　）, it takes about only one and a half hours to get to Hokkaido from Tokyo.

Andy：I agree, but we need to save money. Traveling by train is cheaper. (3)（B　　　　）, we can enjoy the beautiful view from the window.

2 日本文に合うように，（　）に適する語を入れなさい。

（7点×4）

(1) 私はあなたに会うのを楽しみにしています。

I'm looking（　　　　）to meeting you.

(2) テレビをつけてください。

Please（　　　　）on the TV.

(3) 私たちはその知らせに驚きました。

We were（　　　　）at the news.

(4) その歌は世界中で知られています。

The song is known（　　　　）over the world.

3 （　）内から最も適する語を選び，○で囲みなさい。

（8点×6）

(1) Let's meet in（order / ready / front）of the station at three.

(2) Don't（go / throw / run）away empty cans here.

(3) There were a（lot / little / few）children in the room.

(4) The bottle was（large / filled / full）of water.

(5) I'm not afraid（of / with / on）dogs.

(6) Kumi likes music. She's（kind / good / well）at playing the piano.

得点UP

1 (2)は**例**をあげるときに使う。(3)は「**そのうえ，しかも**」という意味で情報をつけ加えるときに使う。

3 (2) **empty** は「**からの，何も入っていない**」という意味。反対の意味を表す語は **full**(いっぱいの)。

START　GOAL

まとめテスト(1)

月　　日

点

合格点：76 点／100 点

1 与えられた文字から始まる語を(　　)に入れて，英文を完成しなさい。(7点×4)

(1) China has a large (p　　　　　). About 1.4 billion《10億》 people live there.

(2) I waited for Meg in (f　　　　　) of the station.

(3) I don't (a　　　　　) with him. His ideas are different from mine.

(4) I had (n　　　　　) to eat, so I was very hungry.

2 日本文に合うように，与えられた文字から始まる語を(　　)に入れなさい。(8点×3)

(1) 私はメグといっしょにボランティア活動に参加しました。

I participated in a (v　　　　　) (a　　　　　) with Meg.

(2) 彼女の日記は英語で書かれていました。

Her (d　　　　　) was (w　　　　　) in English.

(3) それは伝統的な日本の音楽の一種として知られています。

It's (k　　　　　) as a type of (t　　　　　) Japanese music.

3 次の各組の英文がほぼ同じ意味になるように，(　　)に適する語を入れなさい。(8点×3)

(1) We won the game at last.
We (　　　　　) won the game.

(2) I went into the room.
I (　　　　　) the room.

(3) I walked for thirty minutes.
I walked for (　　　　　) an hour.

4 (　　)内から最も適する語を選び，○で囲みなさい。(8点×3)

(1) I like fruit. My brother (more / also / either) likes fruit.

(2) I found a (seat / sight / race) on the train and sat down.

(3) Everyone wants to live in (war / peace / place).

No. 10

基本レベル英単語

名詞(3)

月　日

点

合格点：78 点／100 点

1 下線の語の意味として適するものを下から選び，記号で答えなさい。 (6点×6)

(1) We didn't know the fact. (　　)

(2) He had a traffic accident this morning. (　　)

(3) There's a beautiful rainbow in the sky. (　　)

(4) Which line should I take to go to Osaka? (　　)

(5) He couldn't win the race. (　　)

(6) What does this sign mean? (　　)

［ア 虹《にじ》　イ 線，路線　ウ 競走
エ 交通　オ 事実　カ 標識，しるし］

2 日本文に合うように，(　　)に適する語を入れなさい。 (7点×4)

(1) 助言をありがとう。 Thank you for your (　　　　).

(2) 太陽は東からのぼります。 The sun rises in the (　　　　).

(3) ジョンは私たちにハワイでの生活について話しました。
John told us about his (　　　　) in Hawaii.

(4) 私はジムと話す機会がありました。
I had a (　　　　) to talk with Jim.

3 与えられた文字から始まる語を(　　)に入れて，英文を完成しなさい。 (9点×4)

(1) We usually eat three meals a day. The first one in the morning is called (b　　　　).

(2) I've been to three (c　　　　): France, Germany, and Spain.

(3) I asked him a (q　　　　) because I didn't understand him.

(4) *A*: How will the (w　　　　) be in Yokohama tomorrow?
B: I hear it will be cloudy.

得点UP

1 (4) **line** にはほかに，「**列，(文章の)行，電話線**」などの意味もある。

3 (4) **I hear 〜.** は人から伝え聞いたことを述べて，「**〜だそうだ，〜らしい**」という意味。

名詞(4)

月　日

点

合格点：80点／100点

1 下線の語の意味として適するものを右から選び，記号で答えなさい。（6点×6）

(1) A big bomb was dropped on the city.（　　）

(2) The graph shows the temperature of Tokyo.（　　）

(3) I had a conversation with Ms. Smith.（　　）

(4) Gestures are useful for communication.（　　）

(5) We should think about the environment.（　　）

(6) I saw Bob at the bus stop yesterday.（　　）

［ア 会話　イ 爆弾　ウ 環境　エ グラフ　オ 停留所　カ 意思伝達］

2 日本文に合うように，（　　）に適する語を入れなさい。（6点×4）

(1) 警察を呼んでください。 Please call the（　　　　）.

(2) 母は私に「きのうの夜，地震があったね」と言いました。
My mother said to me, “There was an（　　　　）last night.”

(3) 早起きは私たちの健康によい。
Getting up early is good for our（　　　　）.

(4) 私は今日，レポートを書かなければなりません。
I have to write a（　　　　）today.

3 （　　）に適する語を下から選んで入れなさい。（8点×5）

(1) I didn’t have enough（　　　　）to buy the watch.

(2) What do you want to be in the（　　　　）?

(3) *Haiku* is a（　　　　）of short Japanese poem.

(4) My brother is a（　　　　）student. He studies math.

(5) There are a lot of（　　　　）between Japanese culture and American culture.

［ action　college　differences　future　money　kind ］

得点UP

2 (3)**動名詞**(動詞の ing 形)は「**～すること**」という意味で文の主語にもなる。**3人称単数扱い**をする。

3 (5) **between *A* and *B*** は「**A と B の間に**」という意味。

基本レベル英単語

動詞(3)

点
合格点：80点／100点

1 次の動詞の過去分詞を書きなさい。（6点×6）

(1) hear （　　　　　）　(2) leave （　　　　　）
(3) tell （　　　　　）　(4) find （　　　　　）
(5) teach （　　　　　）　(6) do （　　　　　）

2 日本文に合うように，（　　）に適する語を下から選んで入れなさい。（6点×4）

(1) Don't （　　　　　） your time.　（時間をむだにしてはいけません。）
(2) The plane couldn't （　　　　　） on the ground.
（その飛行機は地上に着陸できませんでした。）
(3) They （　　　　　） wild animals.（彼らは野生動物を保護しています。）
(4) We （　　　　　） the group.　（私たちはその団体を支援します。）

[land　protect　reuse　support　waste]

3 （　　）内から最も適する語を選び，○で囲みなさい。（8点×3）

(1) This temple was （written / built / tried） about two hundred years ago.
(2) Sam, don't （forget / remember / stop） to call me tonight.
(3) When I got up this morning, it was （dreaming / flying / snowing）. It was very cold.

4 与えられた文字から始まる語を（　　）に入れて，対話文を完成しなさい。（8点×2）

(1) *A*：Did you （v　　　　　） Kyoto last month?
B：Yes, I did. I went there to see cherry blossoms.
(2) *A*：Did you （e　　　　　） the party yesterday?
B：Yes. I had a very good time.

得点UP
3 (1)〈be 動詞＋過去分詞〉は受け身で「～される」という意味。
4 (2) have a good time は「楽しい時をすごす」という意味。had は have の過去形。

No. 13

基本レベル英単語

動詞(4)

点

合格点：76点／100点

1 日本文に合うように，(　　)に適する語を下から選んで入れなさい。必要ならば適する形にかえること。

(7点×6)

(1) You should (　　　　　) money. (あなたはお金を貯めるべきです。)

(2) What (　　　　　) to him? (彼に何があったのですか。)

(3) It was (　　　　　) with snow. (それは雪に覆われていました。)

(4) Ken (　　　　　) how to use it. (健はそれの使い方を説明しました。)

(5) He (　　　　　) the ball. (彼はボールを打ちました。)

(6) I (　　　　　) him to the party. (私は彼をパーティーに招きました。)

[cover　explain　happen　hit　invite　put　save]

2 (　　)内から最も適する語を選び，○で囲みなさい。

(8点×5)

(1) There is a food shortage《不足》 in this country. We must (collect / protect / solve) this problem.

(2) I'm Patrick. Please (call / send / ask) me Pat.

(3) This book is (written / listened / read) by many children all over the world.

(4) *A* : Have you ever (left / seen / been) to Sydney?
B : No, I haven't. I want to go there someday.

(5) I've already (taught / done / supported) my homework.

3 日本文に合うように，与えられた文字から始まる語を(　　)に入れなさい。

(9点×2)

理絵は5歳のときにピアノをひき始めました。彼女の夢はフランスで音楽の勉強をして，ピアニストになることです。

Rie (1) (s　　　　　) to play the piano when she was five. Her dream is to (2) (s　　　　　) music in France and to become a pianist.

得点UP

1 (4) how to ～ は「～のしかた」という意味。to のあとには**動詞の原形**が続く。

2 (4)(5) ever は現在完了形の疑問文で使われ「**今までに**」，already は肯定文で使われ「**すでに**」という意味。

前置詞(1)

月　日

点

合格点：80 点／100 点

1 (　　)に適する語を下から選んで入れなさい。同じ語は2度使えません。(6点×6)

(1) These pictures were taken (　　　　　) my father.

(2) We held a concert (　　　　　) September 20.

(3) Please talk (　　　　　) your favorite sport.

(4) A woman talked to me (　　　　　) English.

(5) Do you know the name (　　　　　) this flower?

(6) He walked from his house (　　　　　) the station.

[about　by　in　on　of　to]

2 日本文に合うように，(　　)に適する語を入れなさい。(7点×4)

(1) その作家は若い人たちの間でとても人気があります。

The writer is very popular (　　　　　) young people.

(2) 冬休みの間，私はおじのところに滞在しました。

I stayed with my uncle (　　　　　) winter vacation.

(3) 木の下にすわっているあの女の子はだれですか。

Who's that girl sitting (　　　　　) the tree?

(4) 地球は太陽のまわりを回っています。

The earth travels (　　　　　) the sun.

3 (　　)内から最も適する語を選び，○で囲みなさい。(9点×4)

(1) He works there (about / as / of) a volunteer.

(2) Go straight and turn left (of / for / at) the second corner.

(3) Happy birthday, John. This is a present (on / for / with) you.

(4) Sarah is (by / beside / from) Canada. She can speak English and French.

得点UP

1 (2) held は hold の過去形。**hold a concert** で「**コンサートを開く**」。hold には「**つかむ**」の意味もある。

2 (4) **travel** は「旅行する」の意味だが，ここでは「**進む**」という意味。

No. 15

基本レベル英単語

形容詞(2)

月　日

点

合格点：76点／100点

1 下線の語の意味として適するものを右から選び，記号で答えなさい。（7点×4）

(1) We use it in our daily life.（　　）

(2) They sat at a round table.（　　）

(3) It's important for us to do our best.（　　）

(4) The bus was very crowded.（　　）

ア 混雑した
イ 大切な
ウ 日常の
エ 丸い

2 下線の語と反対の意味を表す語を（　　）に書きなさい。（8点×4）

(1) We had a baseball game with a weak team.（　　　　）

(2) Do you know that girl with the short hair?（　　　　）

(3) It was dark in the room.（　　　　）

(4) There are some rich countries in the world.（　　　　）

3 日本文に合うように，（　　）に適する語を入れなさい。（8点×2）

(1) 私はこんなに大きな犬を見たことがありません。

I've never seen（　　　　）a big dog.

(2) マイクはそのときお金を持っていませんでした。

Mike had（　　　　）money at that time.

4 （　　）内から最も適する語を選び，○で囲みなさい。（8点×3）

(1) Be（clean / useful / careful）when you walk here. The floor is wet.

(2) Mr. Oka is（popular / exciting / impossible）among the students because his classes are interesting.

(3) This dress is too（possible / expensive / cheap）for me to buy.

得点UP

1 (3)〈It is＋形容詞＋for＋人＋to ～.〉で「(人)にとって～することは…だ」という意味。

4 (1) wet は「ぬれている」という意味。反対の意味を表す語は dry（乾燥した）。

副詞(2)

月　日

点

合格点：76 点／100 点

1 下線の語の意味として適するものを下から選び，記号で答えなさい。 (7点×4)

(1) We can see these flowers <u>everywhere</u>. (　　)

(2) She answered the question <u>easily</u>. (　　)

(3) You're <u>quite</u> right. (　　)

(4) I'll <u>never</u> forget it. (　　)

[ア　まったく　　イ　どこでも　　ウ　簡単に　　エ　決して～ない]

2 日本文に合うように，(　　)に適する語を入れなさい。 (8点×5)

(1) 明日は晴れるでしょう。　It'll be sunny (　　　　).

(2) その女の子は突然泣き始めました。

The girl (　　　　) began to cry.

(3) バスはもう出発してしまいました。

The bus has (　　　　) left.

(4) 私は3年前にフランスに行きました。

I went to France three years (　　　　).

(5) 健はそのとき100円しか持っていませんでした。

Ken had (　　　　) one hundred yen at that time.

3 (　　)に適する語を下から選んで入れなさい。 (8点×4)

(1) It takes (　　　　) ten minutes to walk to the station.

(2) I like oranges the (　　　　) of all fruits.

(3) I got up (　　　　) this morning because I had to catch the first train.

(4) *A* : I'm hungry. How about you, Miho?

B : Me, (　　　　). Why don't we go to a restaurant?

[too　　best　　about　　early]

得点UP

3 (3)この catch は「(乗り物に)乗る，～に間に合う」という意味。

(4) Why don't we ～? は「(いっしょに)～しませんか」という意味。

月　日

点

合格点：76 点／100 点

熟語(2)・場面別表現(ディスカッション)

1 次はディスカッション中に使う表現です。それぞれどのような状況で使うかを右から選び，記号で答えなさい。（7点×4）

(1) What do you think about it? (　　)

(2) There are two reasons. (　　)

(3) I agree with you. (　　)

(4) I'm not sure about that. (　　)

ア　具体的に説明をするとき。
イ　相手の意見に反対するとき。
ウ　相手に意見を求めるとき。
エ　相手の意見に賛成するとき。

2 日本文に合うように，(　　)に適する語を入れなさい。（8点×5）

(1) 私の祖父は，以前はテニスをしていました。

My grandfather (　　　　) (　　　　) play tennis.

(2) エミリーはいつシドニーから戻ってきますか。

When will Emily come (　　　　) (　　　　) Sydney?

(3) 私は長い間彼女に会っていません。

I haven't seen her (　　　　) a long (　　　　).

(4) ますます多くの人々がオンラインショッピングを利用するでしょう。

(　　　　) (　　　　) more people will use online shopping.

(5) お願いがあるのですが。

Could you (　　　　) me a (　　　　)?

3 (　　)内から最も適する語を選び，○で囲みなさい。（8点×4）

(1) Would you like another (glass / piece / sheet) of cake?

(2) Mr. Hill is (good / clever / proud) of his son.

(3) My idea is different (from / with / of) Bob's.

(4) I got (off / over / down) the bus in front of the station.

得点UP

1 (2)理由などを順序よく述べるときは，First, …(最初に)，Second, …(第2に)，Third, …(第3に)，などを使うとよい。

3 (1) Would you like ～? は「～はいかがですか」と相手に食べ物などをすすめるときの表現。

まとめテスト(2)

月　　日

点

合格点：76 点／100 点

1 与えられた文字から始まる語を(　　)に入れて，英文を完成しなさい。 (7点×4)

(1) My father (u　　　　　) to drive a car, but now he doesn't.

(2) I think it is necessary for us to wear a school uniform.
—I'm not (s　　　　　) about that.

(3) I've (a　　　　　) finished my homework, so I can go out.

(4) What (k　　　　　) of music do you like? —I like pops.

2 日本文に合うように，(　　)に適する語を入れなさい。 (8点×3)

(1) 私たちは未来のために自然を保護するべきです。
We should (　　　　　) nature for the (　　　　　).

(2) 私は決してその光景を忘れないでしょう。
I'll (　　　　　) (　　　　　) the sight.

(3) 高橋先生は生徒たちの間で人気があります。
Ms. Takahashi is (　　　　　) (　　　　　) the students.

3 次の各組の英文の＿＿に入るつづりが同じ語を，(　　)に書きなさい。 (8点×3)

(1) She has ＿＿＿＿ for Paris.
You'll see the police station on your ＿＿＿＿. (　　　　　)

(2) There's a bus ＿＿＿＿ in front of our school.
Why did you ＿＿＿＿ playing tennis? (　　　　　)

(3) It takes ＿＿＿＿ thirty minutes from Tokyo to Yokohama.
This is a book ＿＿＿＿ a famous artist. (　　　　　)

4 (　　)内から最も適する語を選び，○で囲みなさい。 (8点×3)

(1) How (long / many / much) did you stay in Kobe? —For two days.

(2) I haven't seen her for a long (top / time / graph).

(3) We were (taught / covered / invited) to Bob's birthday party.

月　日

点

合格点：80点／100点

名詞(5)

1 日本語に適する英語を書きなさい。与えられた文字から書き始めること。 (6点×4)

(1) 注文 (o　　　　　)　　(2) 島 (i　　　　　)

(3) 値段 (p　　　　　)　　(4) 頂上 (t　　　　　)

2 (　)内から最も適する語を選び，◯で囲みなさい。 (7点×4)

(1) Go straight and turn right at the first (sight / corner / group).

(2) I often use a (radio / computer / video) to send e-mails.

(3) My brother likes (animals / math / fruit). He wants to work at a zoo in the future.

(4) My room is the same (size / time / day) as yours.

3 日本文に合うように，(　)に適する語を入れて英文を完成しなさい。 (8点×3)

私たちは再生可能エネルギーを使うべきです。環境にいいと私は思います。地球温暖化を防ぐことにも役に立ちます。

We should use renewable (1)(　　　　　). I think that it is good for the (2)(　　　　　). It is also useful to prevent global (3)(　　　　　).

4 与えられた文字から始まる語を(　)に入れて，英文を完成しなさい。 (8点×3)

(1) Mr. Smith was a failure as a singer, but he was a great (s　　　　　) as a writer.

(2) It was very noisy in the room, so he had to speak in a loud (v　　　　　).

(3) *A* : What (l　　　　　) is spoken in your country?

B : Spanish.

得点UP

2 (4) the same … as ～ は「～と同じ…」という意味。

4 (2) noisy は「うるさい，騒がしい」，loud は「(音などが)大きい」という意味。

START　GOAL

名詞⑹

点
合格点：80点／100点

1 下線の語の意味として適するものを下から選び，記号で答えなさい。（6点×5）

⑴ You should eat more <u>vegetables</u>.（　　）

⑵ He works at the store as a <u>clerk</u>.（　　）

⑶ Mike's uncle is a <u>farmer</u>.（　　）

⑷ This is a Japanese-<u>style</u> breakfast.（　　）

⑸ There are several ways to recycle <u>garbage</u>.（　　）

［ **ア** 様式　**イ** 農家，農場経営者　**ウ** 店員
エ 野菜　**オ** ごみ，生ごみ ］

2 日本文に合うように，与えられた文字から始まる語を（　　）に入れなさい。（7点×2）

⑴ 人々は彼の勇敢な行動に驚きました。
People were surprised at his brave (a 　　　　).

⑵ 私は彼女を15分間待ちました。
I waited for her for fifteen (m 　　　　).

3 （　　）に適する語を下から選んで入れなさい。同じ語は２度使えません。（8点×7）

⑴ Our team won by three (　　　　).

⑵ I think you should stop working and have some (　　　　).

⑶ The rocket got back to the earth without any (　　　　).

⑷ I'm sure your (　　　　) will come true.

⑸ They got off the (　　　　) at Narita Airport.

⑹ My father likes to go fishing in the (　　　　).

⑺ A lot of (　　　　) from other countries came to the party.

［ dreams　points　rest　plane　sea　skill　people　trouble ］

得点UP

1 ⑴このmoreはmanyの比較級。**many — more — most** と不規則に変化する。

3 ⑷ **I'm sure (that) ～.** は「**きっと～だと思う**」，**come true** は「**実現する**」という意味。

No. 21

重要レベル英単語

動詞(5)

月　日

点

合格点：76 点／100 点

1 日本文に合うように，(　　)に適する語を下から選んで入れなさい。必要ならば適する形にかえること。　(8点×6)

(1) (　　　　　) me tell you about it. (それについて話させてください。)

(2) Can you (　　　　　) it? (あなたはそれを想像できますか。)

(3) Don't (　　　　　) about it. (それについて不平を言ってはいけません。)

(4) We must (　　　　　) garbage. (我々はごみを減らさなければならない。)

(5) I (　　　　　) my bus. (私はいつものバスに乗りそこねました。)

(6) Why did you (　　　　　) that? (あなたはなぜそれを選んだのですか。)

[choose　complain　imagine　let　lose　miss　reduce]

2 日本文に合うように，(　　)に適する語を入れなさい。　(6点×4)

(1) 私は毎日ピアノを練習します。 I (　　　　　) the piano every day.

(2) 今日の気分はいかがですか。 How do you (　　　　　) today?

(3) あなたは自転車に乗れますか。 Can you (　　　　　) a bike?

(4) 私たちはエネルギーを節約するべきです。
We should (　　　　　) energy.

3 (　　)内から最も適する語を選び，○で囲みなさい。　(7点×4)

(1) Don't (spend / give / have) too much time on video games.

(2) The scientist won the Nobel Prize and (sounded / became / made) famous.

(3) Studying about other cultures helps us (bring / give / understand) our own culture.

(4) My mother works at a high school. She (cleans / teaches / helps) Japanese.

得点UP

❶ (4) garbage は「ごみ，生ごみ」という意味。「ごみ」は trash，waste ともいう。

❷ (4) energy は「エネルギー」という意味。発音は日本語とは異なるので注意。

START　GOAL

No. 22

重要レベル英単語

動詞(6)

月　日

点

合格点：80点／100点

1 日本文に合うように，(　　)に適する語を下から選んで入れなさい。必要ならば適する形にかえること。 (6点×6)

(1) Please (　　　　　) this chair.　(このいすを動かしてください。)

(2) They (　　　　　) a party.　(彼らはパーティーを開きました。)

(3) He (　　　　　) into the pool.　(彼はプールに飛びこみました。)

(4) Sam (　　　　　) the team.　(サムがチームを率いています。)

(5) Kumi (　　　　　) talking.　(久美は話し続けました。)

(6) I use e-mail to (　　　　　) with him.
(私は彼と意思を伝え合うためにメールを使います。)

[communicate　continue　hold　jump　start　lead　move]

2 (　　)内から最も適する語を選び，◯で囲みなさい。 (7点×4)

(1) Please call me when you (get / arrive / return) at the station.

(2) Jim (watched / saw / looked) happy when he heard the news.

(3) *A* : Could you (wear / exchange / turn) this coat for a smaller one?
B : Wait a minute. Let me check.

(4) I usually (go / come / leave) for school at around eight.

3 与えられた文字から始まる語を(　　)に入れて，英文を完成しなさい。 (9点×4)

(1) Jack (w　　　　　) a long letter to his grandfather last night.

(2) Miki looked for her key, but she couldn't (f　　　　　) it.

(3) Molly (l　　　　　) me a book I wanted to read for a long time.

(4) *A* : How long did you (s　　　　　) in Canada?
B : For two weeks. I visited a lot of places there.

得点UP

2 (4)この around は「～くらい，～ごろ」という意味。

3 (2) look for ～ は「～をさがす」，(3) for a long time は「長い間」という意味。

No. 23

重要レベル英単語

代名詞(2)

月　日

点

合格点：80点／100点

1　(　　)に最も適する代名詞を下から選んで入れなさい。 (6点×5)

(1) Jim is kind, so (　　　　　) likes him.

(2) Is there (　　　　　) to drink?

(3) I don't like this shirt. Show me (　　　　　).

(4) (　　　　　) of the members has a uniform.

(5) (　　　　　) of them come to school by bus.

[another　each　everyone　some　anything]

2　日本文に合うように，(　　)に適する語を入れなさい。 (7点×2)

(1) 私たちは自分たち自身でポスターを作ることにしました。

We decided to make the poster (　　　　　).

(2) 私は美しい花を見つけましたが，それの名前は知りませんでした。

I found a beautiful flower, but I didn't know (　　　　　) name.

3　(　　)内から最も適する語を選び，◯で囲みなさい。 (8点×7)

(1) I have two sisters. One is a college student, and the (each / both / other) is a police officer.

(2) Which notebook is (his / her / their), this one or that one?

(3) This bag is too small. Do you have a bigger (one / it / that)?

(4) I have a few friends in Canada. I often send e-mails to (him / her / them).

(5) These books are not (our / ours / us).

(6) The climate of Canada is different from (this / that / it) of Japan.

(7) A friend of (my / me / mine) called me this morning.

得点UP

3 (4) a few ～ は「少しの～，2，3の～」という意味。数えられる名詞の前に置く。
(6) climate は「気候」，be different from ～ は「～とは異なる」という意味。

形容詞(3)

月　日

点

合格点：75 点／100 点

1 下線の語の意味として適するものを右から選び，記号で答えなさい。 (7点×4)

(1) I'll give you something <u>special</u>. (　　)
(2) I met him <u>several</u> years ago. (　　)
(3) Where is the <u>national</u> museum? (　　)
(4) They had an <u>international</u> meeting. (　　)

ア 国立の
イ 国際的な
ウ いくつかの
エ 特別な

2 日本文に合うように，(　　)に適する語を入れなさい。 (9点×4)

(1) 私はそのカメラを買うのに十分なお金を持っていませんでした。
I didn't have (　　　　) money to buy the camera.
(2) 私は来月イングランドを訪れます。
I'm going to visit England (　　　　) month.
(3) 私はすべての花の中でバラが最も美しいと思います。
I think roses are the most (　　　　) of all flowers.
(4) この絵は有名な芸術家によってかかれました。
This picture was painted by a (　　　　) artist.

3 与えられた文字から始まる語を(　　)に入れて，英文を完成しなさい。 (9点×4)

(1) This shirt is too (s　　　　) for me. I need a bigger one.
(2) *A*: Mr. Smith, when will it be (c　　　　) for you?
B: I'm busy today. Tomorrow is fine.
(3) Kathy came back to Tokyo (l　　　　) Sunday.
(4) I didn't have lunch today, so now I'm very (h　　　　). I really want to eat something.

得点UP

1 (4) had は have の過去形。この have は「(会議などを)催す」という意味。
3 (3) come back to ～ は「～に戻る」という意味。

重要レベル英単語

副詞(3)

月　日

点

合格点：76点／100点

1 下線の語の意味として適するものを右から選び，記号で答えなさい。 (7点×4)

(1) Maybe it will rain tomorrow. (　　)

(2) I want to visit Paris someday. (　　)

(3) She sometimes plays tennis. (　　)

(4) I'll remember you forever. (　　)

[ア ～かもしれない　イ いつか　ウ いつまでも　エ ときどき]

2 日本文に合うように，(　　)に適する語を入れなさい。 (8点×5)

(1) 私は彼に1度会ったことがあります。
I've met him (　　　　).

(2) 姉がケーキを食べなかったので，私が代わりにそれを食べました。
My sister didn't eat the cake, so I ate it (　　　　).

(3) 私が今朝起きたとき，まだ雨が降っていました。
It was (　　　　) raining when I got up this morning.

(4) ジョーはまだ宿題を終えていません。
Joe has not finished his homework (　　　　).

(5) この通りに沿ってまっすぐ行くとその店は右側にありますよ。
Go (　　　　) along this street and you'll see the store on your right.

3 (　　)に適する語を下から選んで入れなさい。 (8点×4)

(1) I (　　　　) walk to school, but today I took the bus.

(2) I've (　　　　) cleaned my room.

(3) This is the (　　　　) difficult book of the three.

(4) Have you (　　　　) seen this movie?

[ever　usually　most　just]

得点UP

2 (1)「2度」は twice，「3度以上」なら～ times で表す。
(4)現在完了形(完了・結果)の文でよく使われる。否定文では「まだ」，疑問文では「もう」という意味。

月　　日

接続詞

点

合格点：76 点／100 点

1

(　　)に適する語を右から選んで入れなさい。同じ語は2度使えません。(6点×6)

[until / but / if / after / because / so]

(1) I'll go home (　　　　) I finish my homework.

(2) I didn't want to walk (　　　　) I was very tired.

(3) I looked for my bag, (　　　　) I couldn't find it.

(4) I waited for a long time (　　　　) he came.

(5) We won't go there (　　　　) it rains tomorrow.

(6) Mom is sick in bed, (　　　　) I must make dinner.

2

日本文に合うように，(　　)に適する語を入れなさい。(8点×5)

(1) 私の弟は暗くなる前に帰ってきました。

My brother came home (　　　　) it got dark.

(2) 雄二は5歳のとき，カナダに住んでいました。

Yuji lived in Canada (　　　　) he was five years old.

(3) 私は，お互いを理解することは大切だと思います。

I think (　　　　) it's important to understand each other.

(4) 絵美は中国に住んでいる間に多くの場所を訪れました。

(　　　　) Emi lived in China, she visited a lot of places.

(5) 私は生まれてからずっと東京に住んでいます。

I've lived in Tokyo (　　　　) I was born.

3

(　　)内から最も適する語を選び，○で囲みなさい。(8点×3)

(1) I'll call you as soon (if / so / as) I get back.

(2) We must take either a music class (or / and / but) an art class.

(3) (Though / Until / Because) Jack studied hard, he couldn't pass the exam.

得点UP

1 (5)時や条件を表す接続詞に続く文では，未来のことを表す場合でも動詞は**現在形**にする。
(6) **be sick in bed** は「**病気で寝ている**」という意味。

START　GOAL

No. 27

重要レベル英単語

熟語(3)・場面別表現（道案内）

月　日

点

合格点：76 点／100 点

1 会話が完成するように，与えられた文字から始まる語を（　　）に入れなさい。（8点×5）

A：Excuse me. Could you tell me (1)（ h　　　　　） to get to Asakusa?

B：Sure. You should take a train. It's cheaper than by taxi.

A：I see. Which train should I take?

B：Take the Chuo Line to Kanda. (2)（ C　　　　　） to the Ginza Line there.

A：OK. How (3)（ l　　　　　） does it take?

B：About 15 minutes. (4)（ W　　　　　） you like me to take you to the train station?

A：Thank you very much. That's kind (5)（ o　　　　　） you.

2 日本文に合うように，（　　）に適する語を入れなさい。（9点×4）

(1) 大雪のために電車が止まりました。

The train stopped（　　　　　） of heavy snow.

(2) 彼らはお互いに見つめ合いました。

They looked at each（　　　　　）.

(3) 彼は英語だけではなく，フランス語も話します。

He speaks not（　　　　　） English but（　　　　　）French.

(4) きのう私はとても忙しかったので，テレビを見られませんでした。

Yesterday I was so busy（　　　　　） I couldn't watch TV.

3 （　　）内から最も適する語を選び，○で囲みなさい。（8点×3）

(1) Meg took（ place / care / safe ） of our dog while we were out.

(2) Bill likes fruits such（ with / as / in ） lemons and oranges.

(3) Don't（ look / give / say ） up so easily. You can do it.

得点UP

3 (1) be out は「外出している」という意味。
(3) so には「そんなに」の意味のほかに「とても」のように強調の意味もある。

START　GOAL

月　　日

No. 28

まとめテスト(3)

点

合格点：76点／100点

1 日本文に合うように，(　　)に適する語を入れなさい。 (9点×4)

(1) 今までにハワイに行ったことはありますか。— はい，1度だけ。

Have you (　　　　　) been to Hawaii? — Yes, just once.

(2) 私の夢はいつかアフリカを訪れることです。

My dream is to visit Africa (　　　　　).

(3) ジェーンはもうテニスの練習を終えましたか。

Has Jane finished tennis practice (　　　　　)?

(4) 忙しくなければ私の家に来ませんか。

Why don't you come to my house (　　　　　) you're not busy?

2 (　　)内から最も適する語を選び，○で囲みなさい。 (6点×6)

(1) May I take your (picture / order / voice)? — Tea, please.

(2) The (price / color / money) of the bike is too high, so I can't buy it.

(3) Next Saturday we'll (hold / go / come) a special event at school.

(4) Are you in (life / way / trouble)? Do you need help?

(5) I was so tired (that / because / while) I went to bed very early.

(6) I was late for school because I (missed / made / wasted) the bus.

3 会話が完成するように，(　　)に適する語を下から選んで入れなさい。 (7点×4)

A: How did you (1) (　　　　　) your summer vacation?

B: I went to Australia and (2) (　　　　　) with a host family for two weeks.

A: That's great. Did you (3) (　　　　　) with them in English?

B: Yes. At first, it was difficult. But I tried hard to speak English, and they also talked to me in easy English, so we were able to (4) (　　　　　) each other. I had a really good time.

[communicate　spend　stayed　understand　visited]

重要レベル英単語

名詞(7)

月　日

点

合格点：80点／100点

1 日本語に適する英語を書きなさい。与えられた文字から書き始めること。 (6点×4)

(1) 店員　(c　　　　　)　(2) 技能　(s　　　　　)

(3) 光景，一場面　(s　　　　　)　(4) 政府，政治　(g　　　　　)

2 (　　)内から最も適する語を選び，◯で囲みなさい。 (7点×4)

(1) My bedroom is on the second (roof / window / floor).

(2) I talked with Lucy for a while on the (phone / TV / radio).

(3) *A* : Where can I get a (card / stamp / ticket) for the concert?

B : You can buy one here.

(4) *A* : Is there anything interesting in the (newspaper / movie / theater)?

B : It says that prices are going up again next month.

3 日本文に合うように，(　　)に適する語を入れなさい。 (8点×3)

(1) 私の姉はフランスで芸術を勉強しています。

My sister is studying (　　　　　) in France.

(2) 日本は外国に石油を依存しています。

Japan depends on foreign countries for (　　　　　).

(3) 私はこのファッション雑誌を毎月買っています。

I buy this fashion (　　　　　) every month.

4 与えられた文字から始まる語を(　　)に入れて，英文を完成しなさい。 (8点×3)

(1) Paul is an (e　　　　　) student from the USA.

(2) *A* : What kind of (p　　　　　) do you watch on TV?

B : I often watch quiz shows.

(3) My father is a (f　　　　　). He grows many kinds of vegetables.

得点UP

2 (2) for a while は「しばらくの間」という意味。

(4) It says that ～. は「それには～と書いてある」という意味。

START　GOAL

No. 30

重要レベル英単語

名詞(8)

月　日

点

合格点：80点／100点

1 下線の語の意味として適するものを下から選び，記号で答えなさい。 (6点×6)

(1) I had to use a wheelchair because I broke my leg. (　　)

(2) Jane came home with tears in her eyes. (　　)

(3) He read a book about air pollution. (　　)

(4) We have the right to education《教育》. (　　)

(5) The high temperature will be 30℃ in Tokyo. (　　)

(6) He's the new leader of the government. (　　)

［ア 汚染　イ 権利　ウ 車いす　エ なみだ　オ 政府　カ 気温］

2 日本文に合うように，(　　)に適する語を入れなさい。 (6点×4)

(1) その会社は駅近くのビジネス街にあります。

The office is in a (　　　　) area near the station.

(2) 住所を教えてくれますか。 Can you tell me your (　　　　)?

(3) 私はアメリカの歴史に興味があります。

I'm interested in American (　　　　).

(4) ベスは日本の文化を勉強するために来日しました。

Beth came to Japan to study Japanese (　　　　).

3 (　　)に適する語を下から選んで入れなさい。 (8点×5)

(1) Take your (　　　　) with you when you travel abroad.

(2) I went to the (　　　　) to buy some stamps.

(3) Jim is a (　　　　) of the soccer team. He's a good player.

(4) Most children like this TV (　　　　).

(5) It was a great (　　　　) for the students to talk with elderly people.

［experience / passport / member / post office / program / rest］

得点UP

3 (1)〈take＋物＋with＋人〉は「(人)が(物)を携帯する」という意味。

(5) It is … for (人) to ～. で「(人)にとって～することは…だ」という意味。

START　GOAL

No. 31

重要レベル英単語

動詞(7)

月　日

点

合格点：78点／100点

1 日本文に合うように，(　　)に適する語を下から選んで入れなさい。必要ならば適する形にかえること。(7点×5)

(1) This area (　　　　　　) a lot of rice. (この地域では米がよくとれます。)

(2) Did you (　　　　　　) the sound? (あなたは物音に気づきましたか。)

(3) They (　　　　　　) me. (彼らは私を勇気づけました。)

(4) We (　　　　　　) paper. (私たちは紙を再生利用しています。)

(5) Don't (　　　　　　) at me. (私のことを笑わないでください。)

[encourage　laugh　notice　produce　recycle]

2 (　　)内から最も適する語を選び，○で囲みなさい。(7点×3)

(1) The party (enjoyed / lasted / ended) for more than two hours. I had a good time.

(2) My computer is broken. I want to (learn / buy / give) a new one.

(3) *A*：Do you (know / have / get) how to use this machine?
B：Yes. Just push this button.

3 与えられた文字から始まる語を(　　)に入れて，英文を完成しなさい。(8点×3)

(1) I haven't (f　　　　　) my homework yet, so I can't watch TV.

(2) What do you think of my opinion? ― I (a　　　　　) with you.

(3) How can I get to Ueno? ― (T　　　　　) the Yamanote Line.

4 日本文に合うように，与えられた文字から始まる語を(　　)に入れなさい。(10点×2)

私は友人のジュディーについて話します。彼女は3か月前に日本語を勉強するために来日しました。現在，彼女はかなを学習しています。

I'll (1) (t　　　　　) about my friend Judy. Three months ago, she came to Japan to study Japanese. Now, she's (2) (l　　　　　) *kana*.

得点UP

2 (2) broken は break (こわす，破る) の過去分詞。

3 (3) How can I get to ～? は「～へはどうやって行けばいいですか」という意味。乗り物での行き方をたずねるときによく使われる。

START　GOAL

形容詞(4)

月　日

点
合格点：76点／100点

1 下線の語の意味として適するものを右から選び，記号で答えなさい。 (7点×4)

(1) I heard a <u>strange</u> sound last night. (　　)
(2) It's very <u>dangerous</u> to swim here. (　　)
(3) He got <u>angry</u> when he heard the news. (　　)
(4) It's <u>natural</u> for Tom to be against the plan. (　　)

[ア 当然の　イ 奇妙な　ウ 危険な　エ 怒って]

2 下線の語と反対の意味を表す語を(　　)に書きなさい。 (8点×4)

(1) This box is <u>light</u> enough to carry alone. (　　　　)
(2) It's very <u>hot</u> in this room. (　　　　)
(3) My father looks <u>young</u> for his age. (　　　　)
(4) It's <u>easy</u> for me to answer this question. (　　　　)

3 日本文に合うように，与えられた文字から始まる語を(　　)に入れなさい。 (8点×3)

(1) 私はこの本から役に立つ情報をたくさん得ました。
I got a lot of (u　　　　) information from this book.
(2) このニュースは私にとってとても興味深い。
This news is very (i　　　　) to me.
(3) 昨夜，おそろしい事故がありました。
There was a (t　　　　) accident last night.

4 (　　)内から最も適する語を選び，○で囲みなさい。 (8点×2)

(1) There were (lot / few / much) children in the park in the evening.
(2) *A*：What do you do in your (free / fast / long) time?
B：I listen to music or read magazines.

得点UP
1 (3) 〈get ＋形容詞〉で「～(の状態)になる」という意味。
(4) against ～ で「～に反対して」という意味。

No. 33

重要レベル英単語

月　日

副詞(4)

点

合格点：76 点／100 点

1 下線の語の意味として適するものを右から選び，記号で答えなさい。 (7点×4)

(1) I left my key <u>somewhere</u>. (　　)

(2) We were <u>deeply</u> impressed. (　　)

(3) He'll <u>probably</u> pass the exam. (　　)

(4) The game was <u>over</u> at three. (　　)

［ア 終わって　イ たぶん　ウ どこかに　エ 深く］

2 下線の語と反対の意味を表す語を(　　)に書きなさい。 (8点×3)

(1) We went <u>down</u> to the first floor. (　　　　)

(2) I got up <u>early</u> this morning. (　　　　)

(3) Who turned <u>on</u> the TV? (　　　　)

3 日本文に合うように，(　　)に適する語を入れなさい。 (8点×6)

(1) きのう私はスーパーマーケットでメグを見かけました。
I saw Meg at the supermarket (　　　　).

(2) 私の母は若いころ外国に住んでいました。
My mother lived (　　　　) when she was young.

(3) 母はまもなく帰ってくるでしょう。
My mother will be back (　　　　).

(4) この辞書のほうがあれよりもずっと役に立ちます。
This dictionary is (　　　　) more useful than that one.

(5) 私の祖父は北海道で１人で暮らしています。
My grandfather lives (　　　　) in Hokkaido.

(6) ジョンはちょうど学校から帰宅したところです。
John has (　　　　) arrived home from school.

得点UP

1 (2) be impressed は「感銘を受ける」という意味。
(3)この pass は「(試験などに)受かる，通る」という意味。

No. 34

重要レベル英単語

前置詞(2)

月　日

点

合格点：76点／100点

1

(　　)に適する語を右から選んで入れなさい。同じ語は2度使えません。(7点×4)

(1) Bob was born (　　　　) 2005.

(2) The girl (　　　　) a red bag in her hand is Yuki.

(3) We go to school (　　　　) Monday to Friday.

(4) *Kokoro* was written (　　　　) Natsume Soseki.

[by / with / in / from]

2

日本文に合うように，与えられた文字から始まる語を(　　)に入れなさい。(8点×3)

(1) 壁にかかっている時計はとても古い。

The clock (o　　　　) the wall is very old.

(2) その川には橋がかかっています。

There is a bridge (o　　　　) the river.

(3) ここから近いので，公園まで歩くことができます。

You can walk to the park because it's (n　　　　) here.

3

(　　)内から最も適する語を選び，○で囲みなさい。(8点×3)

(1) We should go home (from / behind / before) sunset.

(2) Mary called me late (in / at / on) night.

(3) Jun went out of the room (with / without / along) saying goodbye, so we didn't know he wasn't there.

4

日本文に合うように，(　　)に適する語を入れて英文を完成しなさい。(8点×3)

麻衣と健の間にいる少年がボブです。彼はこの前の4月から日本に住んでいます。彼にとって日本語を話すのは難しいようです。

The boy (1)(　　　　) Mai and Ken is Bob. He has lived in Japan (2)(　　　　) last April. It seems that it's difficult (3)(　　　　) him to speak Japanese.

得点UP

1 (1) be born は「生まれる」という意味。

4 seem は「～のように思われる，～らしい」という意味。

START　GOAL

熟語(4)・場面別表現(食事)

月　　日

点

合格点：76 点／100 点

1 会話が完成するように，(　　)に適する語を右から選んで入れなさい。 (8点×4)

A：Here are some cookies. Please (1) (　　　　　) yourself.

B：Thank you. Oh, they're delicious.

A：Would you (2) (　　　　　) a cup of tea?

B：Yes, please. (3) (　　　　　) you pass me the sugar?

A：Here you are. Do you want some more cookies?

B：No, (4) (　　　　　) you. I've had enough.

[could / help / like / may / thank]

2 日本文に合うように，(　　)に適する語を入れなさい。 (8点×4)

(1) 彼らは疲れすぎていて，これ以上歩けませんでした。
They were (　　　　　) tired to walk any more.

(2) 日本にはいくつか古い都市があります。たとえば奈良です。
There are several old cities in Japan, for (　　　　　), Nara.

(3) 彼は部屋を出ていきました。He went (　　　　　) of the room.

(4) 向こうにいる少女は私の友達です。
The girl (　　　　　) there is my friend.

3 (　　)内から最も適する語を選び，○で囲みなさい。 (9点×4)

(1) What time does this train (take / arrive / get) to Yamagata Station?

(2) Kumi is very interested (with / in / at) Korean culture.

(3) Don't forget to (turn / go / change) off the light when you go to bed.

(4) *A*：(What / How / Why) don't you come to the party?
B：Yes, I'd love to.

得点UP

1 食卓での対話。**I've had enough.** は「十分食べました，**おなかがいっぱいです**」という意味。

2 (1) **any more** は疑問文や否定文で使われて，「**もう少し，これ以上**」という意味。

まとめテスト(4)

月　　日

点

合格点：76点／100点

1　(　　)に適する語を右から選んで入れなさい。　(7点×4)

dangerous
free
passport
magazine

(1) We need a (　　　　　) when we go abroad.

(2) I bought a (　　　　　) at a bookstore.

(3) It's (　　　　　) to jump off the wall.

(4) Are you (　　　　　) tomorrow?

2　日本文に合うように，(　　)に適する語を入れなさい。　(8点×3)

(1) あなたがそのことで怒るのは自然なことです。

It's natural for you to get (　　　　　) about it.

(2) 私たちはその缶を再生利用しようとしました。

We tried to (　　　　　) the cans.

(3) 水質汚染は大きな問題です。

Water (　　　　　) is a big problem.

3　次の各組の英文の____に入るつづりが同じ語を，(　　)に書きなさい。　(8点×3)

(1) Turn ________ at the first corner.
We have the ________ to live happily.　(　　　　　)

(2) I had a bad ________, so I was absent from school.
It's very ________ in winter here.　(　　　　　)

(3) There is a rainbow ________ the mountain.
Meet me at the gate after school is ________.　(　　　　　)

4　(　　)内から最も適する語を選び，○で囲みなさい。　(8点×3)

(1) They worked (with / from / for) nine to five.

(2) The cat (in / by / with) long white hair is mine.

(3) *A*：(Could / Should / Would) you like some chocolate?

B：Yes, please.

No. 37

高得点レベル英単語

名詞(9)

月　日

点

合格点：76 点／100 点

1 日本語に適する英語を書きなさい。与えられた文字から書き始めること。（5点×6）

(1) 規則　(r　　　　　)
(2) 記憶，思い出　(m　　　　　)
(3) 意見　(o　　　　　)
(4) 近所，隣人　(n　　　　　)
(5) 南　(s　　　　　)
(6) 力　(p　　　　　)

2 (　　)内から最も適する語を選び，○で囲みなさい。（7点×7）

(1) Shinji moved to Singapore at the (age / side / day) of ten.

(2) This (work / culture / style) of music is called *enka*.

(3) This book has a good (internet / influence / symbol) on children.

(4) Ms. Sato is a science teacher at our school.
Her (chances / classes / places) are interesting.

(5) *A*：Sorry, but Taku is not in. Can I take a (message / holiday / phone)?
B：No, thank you. I'll call back later.

(6) *A*：We're going to go camping this weekend. Why don't you come with us?
B：Sure. It sounds like (fan / fun / good).

(7) *A*：Are you free this afternoon?
B：No. I have a lot of (words / time / things) to do.

3 与えられた文字から始まる語を(　　)に入れて，英文を完成しなさい。（7点×3）

(1) China has the largest population in the (w　　　　　).

(2) *A*：What's the (p　　　　　) of your visit?
B：Sightseeing.

(3) *A*：What (s　　　　　) do you like the best, Ken?
B：I like math the best.

得点UP

2 (5) I'll call back later. は，「あとで(電話を)かけ直します。」という意味。

3 (2)空港の入国審査でよく使われる表現。sightseeing は「観光」という意味。

START　GOAL

高得点レベル英単語

名詞⑽

月　　日

点

合格点：78点／100点

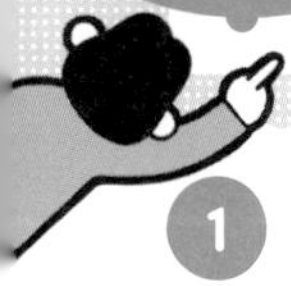

1 下線の語の意味として適するものを右から選び，記号で答えなさい。 (7点×5)

⑴ I've read the book many times. (　　)

⑵ Tokyo Skytree is a symbol of Tokyo. (　　)

⑶ I talked about the school system in Japan. (　　)

⑷ Jim keeps his important treasures in the box. (　　)

⑸ Here's your change. — Thank you. (　　)

［ア 回，度　イ おつり　ウ 制度　エ 象徴　オ 宝物］

2 日本文に合うように，(　　)に適する語を入れなさい。 (8点×2)

⑴ いかなる理由であれ，この部屋に入ることはできません。

You cannot enter this room for any (　　　　).

⑵ この機械は太陽電力を使っています。

This machine uses solar (　　　　).

3 (　　)に適する語を下から選んで入れなさい。 (7点×4)

⑴ We had an (　　　　) with Tom and asked some questions.

⑵ I think we will be able to travel to the moon by the end of the 21st (　　　　).

⑶ The post office is on the other (　　　　) of the river.

⑷ (　　　　) of people visit there every year.

［style　century　millions　interview　side］

4 日本文に合うように，与えられた文字から始まる語を(　　)に入れなさい。 (7点×3)

モリーは教室で私の隣の席です。彼女は日本の文化が大好きなので，茶道部に入っています。彼女は5月の学園祭を楽しみにしています。

Molly is my ⑴ (n　　　　) in my classroom. She's in the tea ⑵ (c　　　　) club because she loves Japanese culture. She is looking forward to the school ⑶ (f　　　　) in May.

得点UP

1 ⑷ keep は「保管する」という意味のほかに，「**続ける**」などの意味もある。

2 ⑴ any は後ろに**単数名詞**を伴って，「**どんな，いかなる**」という意味。

No. 39

高得点レベル英単語

動詞(8)

月　日

点

合格点：78 点／100 点

1 日本文に合うように，(　　)に適する語を下から選んで入れなさい。必要ならば適する形にかえること。 (6点×6)

(1) (　　　　　　) on your back. (あお向けで寝てください。)

(2) (　　　　　　) from one to ten. (1から10まで数えなさい。)

(3) He didn't (　　　　　　) his feelings. (彼は感情を表しませんでした。)

(4) I (　　　　　　) my way in the woods. (私は森の中で道に迷いました。)

(5) They (　　　　　　) from a disease. (彼らは病気で苦しみました。)

(6) We (　　　　　　) her up. (私たちは彼女を元気づけました。)

[cheer　count　express　lie　lose　recycle　suffer]

2 日本文に合うように，(　　)に適する語を入れなさい。 (7点×4)

(1) 私はあなたに宿題を手伝ってもらいたい。

I (　　　　　　) you to help me with my homework.

(2) メグは彼にドアを開けるように頼みました。

Meg (　　　　　　) him to open the door.

(3) 私たちはほかの人々を敬うべきです。

We should (　　　　　　) other people.

(4) 由美は宇宙飛行士になる決心をしました。

Yumi (　　　　　　) to be an astronaut.

3 与えられた文字から始まる語を(　　)に入れて，英文を完成しなさい。 (9点×4)

(1) I'll (g　　　　　) Yui this hat for her birthday.

(2) I don't know what this word (m　　　　　).
I need a dictionary.

(3) Jim will come here soon, so (k　　　　　) the door open.

(4) These shops open at ten and (c　　　　　) at six.

得点UP

2 (1)(2)動詞のあとに〈人＋to＋動詞の原形〉が続く形。

3 (2)〈疑問詞(what)＋主語＋動詞〉が動詞 know の目的語になっている文。

START　GOAL

No. 40

高得点レベル英単語

形容詞(5)

月　日

点

合格点：76 点／100 点

1 下線の語の意味として適するものを下から選び，記号で答えなさい。 (7点×7)

(1) Cats are <u>active</u> at night. (　　)

(2) Jiro has visited a lot of <u>foreign</u> countries. (　　)

(3) Aki's dog is very <u>clever</u>. (　　)

(4) My idea is <u>similar</u> to yours. (　　)

(5) English is our <u>common</u> language. (　　)

(6) We can see the <u>whole</u> town from here. (　　)

(7) She told me that Jim would make a <u>surprising</u> discovery《発見》. (　　)

[ア 外国の　イ 活動的な　ウ 似ている
エ かしこい　オ 全体の　カ 共通の，共有の
キ 驚くべき]

2 日本文に合うように，(　　)に適する語を入れなさい。 (8点×3)

(1) 私は彼の部屋にいて心地よかった。

I felt (　　　　) in his room.

(2) 祖父が亡くなって3年が経ちます。

My grandfather has been (　　　　) for three years.

(3) みんな，夕食の準備ができましたよ。

Everyone, dinner is (　　　　).

3 与えられた文字から始まる語を(　　)に入れて，英文を完成しなさい。 (9点×3)

(1) I read the news in a (l　　　　) newspaper, not a national newspaper.

(2) I think my answer is (w　　　　). Yours is right.

(3) My brother has been (s　　　　) in bed for three days.

得点UP

1 (7) 〈tell＋人＋that…〉で「(人)に…ということを話す[言う]」という意味。

2 (2)「ずっと死んでいる」と考え，現在完了形(have[has]＋過去分詞 ～)で表す。

START　GOAL

高得点レベル英単語

月　　日

前置詞(3)

点

合格点：80点／100点

1 下線の語の意味として適するものを下から選び，記号で答えなさい。 (6点×6)

(1) Jim will be back <u>by</u> three o'clock. (　　)

(2) Is this train <u>for</u> Kyoto? (　　)

(3) She wrote it <u>with</u> a pencil. (　　)

(4) We are <u>against</u> war. (　　)

(5) The plane flew <u>above</u> the clouds. (　　)

(6) I met a lot of people <u>through</u> the volunteer work. (　　)

〔ア ～に向かって　イ ～を通して　ウ ～までに
エ ～を使って　オ ～の上を　カ ～に反対して〕

2 日本文に合うように，(　　)に適する語を入れなさい。 (8点×4)

(1) だれかがドアの後ろに立っています。

Someone is standing (　　　　) the door.

(2) 私はあなたのもののようなシャツがほしい。

I want a shirt (　　　　) yours.

(3) 知美は3人の中でいちばん背が高い。

Tomomi is the tallest (　　　　) the three.

(4) 私たちはそこでアンを2時まで待ちました。

We waited for Ann there (　　　　) two o'clock.

3 (　　)内から最も適する語を選び，○で囲みなさい。 (8点×4)

(1) I sometimes make breakfast (in / at / on) Sunday mornings.

(2) Be careful when you walk (among / between / across) the street.

(3) (In / On / At) June, we had a lot of rain in Tokyo.

(4) Wednesday comes (after / before / without) Tuesday.

得点UP

2 (4)「2時までずっと」という**継続**の意味を表す。

3 (3)この **we** は自分のいる**地域全体の人々**を指して「**当地では**」という意味。日本語に訳さないことも多い。

No. 42

高得点レベル英単語

動詞(9)

月　日

点

合格点：78 点／100 点

1 日本文に合うように，(　　)に適する語を下から選んで入れなさい。必要ならば適する形にかえること。 (7点×5)

(1) He was (　　　　　) in the accident.（彼は事故でけがをしました。）

(2) Bob (　　　　　) me to Lisa.（ボブは私をリサに紹介しました。）

(3) I was (　　　　　) with the song.（私はその歌に感銘を受けました。）

(4) (　　　　　) the glass with water.（コップを水で満たしなさい。）

(5) Can you (　　　　　) this letter into English?
（あなたはこの手紙を英語に翻訳できますか。）

[fill　impress　injure　introduce　translate　wish]

2 (　　)内から最も適する語を選び，○で囲みなさい。 (7点×3)

(1) I needed an umbrella because it (began / stopped / got) to rain.

(2) Ken was (heard / moved / asked) by her speech.

(3) *A*：Shall I (take / want / bring) you some water?
B：Yes, please. I'm very thirsty.

3 与えられた文字から始まる語を(　　)に入れて，英文を完成しなさい。 (8点×3)

(1) Please (t　　　　　) me how to get to the station.

(2) Jim asked her a question, but she couldn't (a　　　　　) it.

(3) *A*：Did you win the game yesterday?
B：No, we (l　　　　　), but next time I'm sure we'll win.

4 日本文に合うように，与えられた文字から始まる語を(　　)に入れなさい。 (10点×2)

きのう私はサムから本を借りるために公園へ行き，少しの間彼を待ちました。

Yesterday I went to the park to (1) (b　　　　　) a book from Sam, and I (2) (w　　　　　) for him for a while.

得点UP

2 (3) Shall I ～? は「(私が)～しましょうか」と申し出るときの表現。

4 for a while は「少しの間」という意味。

START　GOAL

熟語(5)・場面別表現（依頼・申し出など）

月　日

点

合格点：80点／100点

1

会話が完成するように，与えられた文字から始まる語を(　　)に入れなさい。
(9点×4)

(1) Show me your passport, please. —(H　　　　　) you are.

(2) What's (w　　　　　)? —I have a headache.

(3) I'd (l　　　　　) to use your phone. —Sure.

(4) (S　　　　　) I open the door? —Yes, please.

2

日本文に合うように，(　　)に適する語を入れなさい。 (8点×5)

(1) 荷物を運ぶのを手伝ってもらえますか。

(　　　　　) you (　　　　　) me carry the baggage?

(2) あなたのために何かできることはありますか。

Is there anything I can (　　　　　) (　　　　　) you?

(3) ご飯の代わりにパンをもらえますか。

Can I have bread (　　　　　) (　　　　　) rice?

(4) ベンの家は駅から遠く離れています。

Ben's house is far (　　　　　) (　　　　　) the station.

(5) ジムはもっとじょうずに日本語を話せるようになっているでしょう。

Jim will be (　　　　　) (　　　　　) speak Japanese better.

3

(　　)内から最も適する語を選び，○で囲みなさい。 (8点×3)

(1) Yumi (made / took / had) to cook dinner because her mother got home late.

(2) *A*：I've finished my work. Please tell me (when / where / what) to do next.

B：Please help me with my work.

(3) *A*：You looked sick this morning. Are you all right?

B：I was sick then, but I've gotten (more / better / worse) now.

得点UP

1 (2)具合が悪そうな人に体調をたずねるときに使う。What's the matter? とも言う。

3 (2)〈help＋人＋with＋事がら〉は「(人)の(事がら)を手伝う」という意味。

No. 44

まとめテスト(5)

月　日

点

合格点：78点／100点

1 (　　)に適する語を右から選んで入れなさい。 (7点×4)

[similar / introduce / rules / things]

(1) I have a lot of (　　　　) to do, so I can't go out.

(2) Do you know the (　　　　) of tennis?

(3) I'll (　　　　) Mr. Hill to you.

(4) Your bag is (　　　　) to mine.

2 日本文に合うように，(　　)に適する語を入れなさい。 (8点×3)

(1) ビルは今日宿題をしなければなりませんでした。

Bill (　　　　) (　　　　) do his homework today.

(2) 私はこの川を泳いでわたることができます。

I can swim (　　　　) this river.

(3) 私は彼女に何と言えばよいかわかりませんでした。

I didn't know (　　　　) (　　　　) say to her.

3 次の各組の英文がほぼ同じ意味になるように，(　　)に適する語を入れなさい。 (8点×3)

(1) The glass is full of milk.
The glass is (　　　　) with milk.

(2) Mike disagreed with me.
Mike was (　　　　) my opinion.

(3) I want to study abroad.
I want to study in a (　　　　) country.

4 (　　)内から最も適する語を選び，○で囲みなさい。 (8点×3)

(1) I can't find my pen. Can I (bring / borrow / lend) yours?

(2) Let's finish this work (by / in / until) tomorrow.

(3) His story was great. I was very (expressed / impressed / translated) with it.

No. 45

総復習テスト(1)

月　日

点

目標時間：20 分　合格点：80 点／100 点

1 日本文に合うように，(　　)に適する語を入れなさい。(4点×5)

(1) 私は自分の意見を述べる機会がありませんでした。

I didn't have a (　　　　　) (　　　　　) express my opinion.

(2) それらの２つとも私には大切です。

(　　　　　) of them are (　　　　　) to me.

(3) このコンピューターの使い方を教えてください。

Please tell me (　　　　　) (　　　　　) use this computer.

(4) 私たちにはその仕事を終えるのに十分な時間があります。

We have (　　　　　) time to (　　　　　) the job.

(5) 私は本当の理由をあなたがたに言うことができません。

I can't (　　　　　) you the true (　　　　　).

2 次の各組の英文の____に入るつづりが同じ語を，(　　)に書きなさい。(4点×3)

(1) Maki wants to live in a big city ________ Tokyo.
I ________ math the best of all the subjects. (　　　　　)

(2) My father received the ________ and put it in his pocket.
You should ________ trains at Tokyo Station. (　　　　　)

(3) Sue ________ her umbrella on the train.
Turn ________ at the next corner. (　　　　　)

3 次の下線の語と反対の意味を表す語を選び，記号を○で囲みなさい。(4点×3)

(1) It's not <u>easy</u> for foreign people to learn *kanji*.

ア different　イ difficult　ウ natural　エ strange

(2) The suitcase was so <u>heavy</u> that I couldn't carry it.

ア warm　イ dark　ウ right　エ light

(3) I often go to the park when I'm <u>free</u>.

ア busy　イ hungry　ウ sleepy　エ dirty

裏面へ

4 下線の語の意味として適するものを下から選び，記号で答えなさい。 (4点×4)

(1) My name is Susan. Please call me Sue. (　　)

(2) I want to call Bob. Please tell me his phone number. (　　)

(3) Taro is going to move from Sapporo to Chiba. (　　)

(4) I want to move the table to the center of the room. (　　)

［ ア 引っ越す　イ ～と呼ぶ　ウ 動かす　エ 電話する ］

5 (　　)内から最も適する語を選び，○で囲みなさい。 (5点×4)

(1) The bank is (among / between / from) the park and the hotel.

(2) I don't eat *natto*, and Meg doesn't eat it, (too / together / either).

(3) I (want / have / take) you to visit me after three.

(4) My mother works (at / as / of) a teacher at a high school.

6 次の会話を読んで，それぞれの質問に答えなさい。 (5点×4)

Lisa：Hi, Yuki. What are you doing?

Yuki：I'm reading a book. It's very interesting. It's ①(人気のある) among young people. Actually, ②(ほとんど) all my classmates are reading it. Lisa, what kind of books do you like?

Lisa：I like *fantasy novels, ③(　　　) as "*The Lord of the Rings" and "*The Chronicles of Narnia".

Yuki：I've not read "The Lord of the Rings" but I've ④(see) the movie. It was really interesting.

* fantasy novel ファンタジー小説　* The Lord of the Rings『指輪物語』(イギリスの小説)
* The Chronicles of Narnia『ナルニア国ものがたり』(イギリスの小説)

(1) 英文の意味が通るように，①と②の日本語を英語に直して書きなさい。

① (　　　　　　) ② (　　　　　　)

(2) 下線部③が「『指輪物語』や『ナルニア国ものがたり』のような」という意味になるように，(　　)に当てはまる英語を1語書きなさい。

(　　　　　　)

(3) ④の(　　)内の語を適する形にしなさい。

(　　　　　　)

No. 46

総復習テスト(2)

月　　日

点

目標時間：20 分　　合格点：80 点／100 点

1 日本文に合うように，(　　)に適する語を入れなさい。(4点×5)

(1) 久美は外国語を習うことに興味があります。

Kumi is interested in learning foreign (　　　　　).

(2) そんなふうにあまりたくさんのお金を使うべきではありません。

You should not (　　　　　) so much money like that.

(3) 私は環境問題についてレポートを書きました。

I wrote a (　　　　　) about environmental problems.

(4) このコートは私には高すぎて買えません。

This coat is too (　　　　　) for me to buy.

(5) 私は彼の忠告に勇気づけられました。

I was encouraged by his (　　　　　).

2 (　　)に適する語を下から選んで入れなさい。(4点×5)

(1) This traffic (　　　　　) means "Don't turn right."

(2) How was the (　　　　　) in Osaka?

—It was cloudy and cool.

(3) Ken asked me a (　　　　　), but I couldn't answer it.

(4) What's the (　　　　　) between your idea and Kate's?

(5) There are about two hundred (　　　　　) in the world.

[countries　environment　difference　question　sign　weather]

3 次の英文が説明する語を(　　)に書きなさい。(4点×4)

(1) a piece of land that is surrounded by water (　　　　　)

(2) a person who lives near or next door to you (　　　　　)

(3) You can see it in the sky. It has seven colors. (　　　　　)

(4) You need to show this at the airport when you enter or leave a country. (　　　　　)

裏面へ

4 CとDの関係がAとBの関係と同じになるように，(　　)に適する語を入れなさい。 (4点×3)

	A	B	C	D
(1)	dog	dogs	child	(　　　　　)
(2)	I	myself	we	(　　　　　)
(3)	take	taken	be	(　　　　　)

5 (　　)内から最も適する語を選び，○で囲みなさい。 (4点×4)

(1) I haven't visited China (for / since / as) 2015.

(2) Today the (weather / experience / temperature) in Kumagaya at 1 p.m. was 35℃.

(3) The train was so (free / crowded / safe) that I couldn't get on it.

(4) Have you (taken / written / done) your homework yet?
— No, not yet.

6 次の会話を読んで，それぞれの質問に答えなさい。 (計16点)

Man : Excuse me. (①) tell me the way to the city hall?

Daisuke : Sure. It's near here. Go straight along this street and ②(曲がる) right at the second corner. You'll see it on your left.

Man : I see. Your English is very good.

Daisuke : Thank you. I lived in *Boston when I was ten, so I speak a little English.

Man : I've been to Boston ③(1度). It's a very beautiful city.

Daisuke : Yes, I like it very much. I'm planning to go ④(戻って) someday.

* Boston ボストン（アメリカの都市）

(1) ①に最も適するものを選び，記号を○で囲みなさい。 (2点)

ア May I　イ Shall we　ウ Could you

(2) 英文の意味が通るように，②～④の日本語を英語に直して書きなさい。 (3点×3)

②(　　　　　)　③(　　　　　)　④(　　　　　)

(3) 下線部の英語とほぼ同じ意味になるように，(　　)に適する語を入れなさい。 (5点)

I lived in Boston at the (　　　　　) of ten

中3 英単語 解答編 ANSWERS

No.01 名詞(1)

1 (1) エ　(2) イ　(3) ア　(4) ウ　(5) オ
2 (1) mistake　(2) flight
3 (1) way　(2) cold　(3) news
(4) problem　(5) doctor
4 (1) uncle　(2) children

解説 1 (1)「私は毎日，日記をつけています。」(2)「私たちはボランティア活動に参加しました。」(3)「私はインターネットで情報を得ました。」(4)「私たちは毎日たくさんの電気を使います。」(5)「あなたがその仕事を終えたら休憩をとりましょう。」
3 (1)「駅までの道順を私に教えてもらえますか。」道をたずねるときの決まった表現。(2)「私は具合が悪いです。かぜをひいたのだと思います。」(3)「私は彼女の成功についての知らせを聞きました。」(4)「ジョンのコンピューターには問題がありました。」(5)「亜紀は医師です。病院で働いています。」
4 **[英文の意味]** この写真を見てください。こちらは私のおじです。彼の名前は次郎です。彼は私の父の兄[弟]です。彼は千葉に住んでいます。彼には息子と娘の２人の子どもがいます。

No.02 名詞(2)

1 (1) activity　(2) market　(3) problem
(4) war　(5) danger　(6) peace
2 (1) places　(2) prize　(3) seat
(4) station　(5) volunteer　(6) vacation
3 (1) Thursday　(2) season
(3) population　(4) idea

解説 1 (1) action でもよい。
2 (1)「京都には訪れるのによい場所がたくさんあります。」place は「場所」，news は「知らせ」，flight は「空の旅」。(2)「理恵は英語のスピーチコンテストで１等賞をとりました。」game は「試合」，prize は「賞」，fact は「事実」。(3)「私はバスでおばあさんに席をゆずりました。」seat は「座席」，diary は「日記」，side は「側，面」。(4)「私は今朝，駅へ急ぎましたが，電車に間に合いませんでした。」library は「図書館」，castle は「城」，station は「駅」。(5)「田中さんは病院でボランティアとして働いています。彼はお年寄りを手助けしています。」player は「選手」，teacher は「教師」，volunteer は「ボランティア」。(6)「A：あなたは夏休みの間，何をしましたか。　B：１週間，家族とキャンプに行きました。」treasure は「宝物」，vacation は「休暇」，north は「北」。
3 (1)「木曜日は水曜日のあとの曜日です。」(2)「A：あなたはどの季節がいちばん好きですか。　B：スキーが楽しめるので，冬がいちばん好きです。」(3)「A：あなたの市の人口は何人ですか。　B：約300万人です。私たちの市にはたくさんの人がいます。」(4)「A：今日，動物園に行きませんか。　B：それはいい考えですね。行きましょう。」

No.03 動詞(1)

1 (1) been　(2) spoken　(3) made
(4) read　(5) known　(6) taken
2 (1) remember　(2) joined　(3) push
(4) entered
3 (1) showed　(2) agree　(3) made
4 (1) walk　(2) take

解説 1 (1)(2)(5)(6)過去形と過去分詞の形が異なるものは特に注意する。(4)は過去形・過去分詞が原形と同じ形だが，発音は[red]となる。
2 (1)反意語は **forget(忘れる)**。(2)(4)過去の文なので，過去形に。
3 (1)「リサは私たちに数枚の写真を見せて，彼女の国について話しました。」watch は「(じっと)見る」，look は「(look at で)～を見る」，show

は「(人に)～を見せる」。(2)「私の意見は健のとはちがいます。私は彼に賛成しません。」**agree with ～** は **「～に同意[賛成]する」** という意味。answer は「答える」，solve は「解く」。(3)「祖母からの手紙は私をとても幸せにしました。」name は「～と名付ける」，made は make(～にする)の過去形，call は「～と呼ぶ」。
❹ **[英文の意味]** A：あなたはどのようにして学校へ行きますか。　B：私は学校の近くに住んでいるので学校へは歩いていきますが，バスに乗っていく生徒もいます。

No. 04 動詞(2)

❶ (1) got [gotten]　(2) seen
(3) written　(4) held　(5) built
(6) sold
❷ (1) disappeared　(2) painted
(3) sleep　(4) killed　(5) blowing
(6) ends
❸ (1) spoken　(2) broke　(3) drink
(4) send

解説　❶ (2)(3)は過去形と過去分詞で形が異なるので，注意する。
❷ (1)反意語は **appear(現れる)**。過去形にする。(2)過去の文なので，過去形にする。(4) **「(事故・戦争で)死ぬ」** は **be killed**。(5)現在進行形の文なので，ing形にする。(6) 3人称単数現在形にする。
❸ (1)「私は，英語は役に立つと思います。なぜなら世界中で話されているからです。」spoken は speak(話す)の過去分詞，thought は think(思う)の過去形・過去分詞，played は play (〈スポーツを〉する) の過去形・過去分詞。(2)「ボブは自動車事故で脚を骨折しました。彼は今，入院中です。」washed は wash(洗う)の過去形，broke は break(こわす，折る)の過去形，caught は catch (捕まえる)の過去形。(3)「私はのどがかわいています。何か冷たい飲み物がほしいです。」drink は「飲む」，grow は「成長する」，cook は「料理する」。(4)「A：あなたはふだんこのコンピューターを使いますか，マイク。　B：はい。ぼくはよくメールを送るためにそれを使います。」carry は「運ぶ」，send は「送る」，move は「動かす」。

No. 05 形容詞(1)

❶ (1) エ　(2) ア　(3) ウ　(4) イ
❷ (1) own　(2) sure　(3) Most　(4) no
❸ (1) half　(2) first　(3) sleepy
(4) tired [thirsty]

解説　❶ (1)「私は空腹で弱っています。」(2)「それは難しいでしょうが，可能です。」(3)「それは伝統的な日本の衣装です。」(4)「この場所はいつも暑くて乾燥しています。」
❷ (2) **I'm sure (that) ～.** で **「きっと～だと思う」**。(3)〈most＋名詞の複数形〉の形の主語は複数扱い。most of ～ なら「～の大部分」という意味。
❸ (1)「30分は1時間の半分です。」(2)「1月は1年の最初の月です。」(3)「私は今朝早く起きたので，今とても眠いです。」(4)「A：だいじょうぶですか，健。　B：いいえ，1日中一生懸命に働いたので，とても疲れて[のどがかわいて]います。」

No. 06 副詞(1)

❶ (1) ウ　(2) イ　(3) エ　(4) ア
❷ (1) later　(2) then　(3) Even
(4) also　(5) together
❸ (1) too　(2) never　(3) slowly
(4) either

解説　❶ (1)「その男性はすばやく部屋を出ていきました。」(2)「彼女はほとんど毎日ここに来ます。」(3)「私たちはとうとう宿題を終えました。」(4)「ここは寒く，特に冬が寒い。」
❸ (1)「私にはこの自転車は買えません。私には高すぎます。」(2)「私はヒルさんを知りません。彼には前に一度も会ったことはありません。」(3)「A：圭太，もっとゆっくり歩いてください。B：そんなに速く歩いていましたか。ごめんなさい，アン。」(4)「A：私はフランス語が話せません。　B：私もです。」否定文で **「～も(…ない)」** という場合は **either** を使う。

No. 07 代名詞(1)

❶ (1) ours　(2) this　(3) our
　(4) us　(5) it

❷ (1) エ　(2) イ　(3) ウ　(4) ア　(5) オ

❸ (1) yourself　(2) nothing　(3) other
　(4) Both　(5) one

解説 ❶ (1)「これらの本は私たちのものです。」(2)「もしもし，(こちらは)ビルです。健をお願いできますか。」**This is ～. は電話で自分の名前を名乗るとき**にも使う。(3)「鈴木先生は私たちの先生です。」(4)「スミス先生は私たちに英語を教えています。」(5)「外は雪が降っていますか。」天候を表す文の主語には it を使う。
❷ (1)「あなたは何か言うことはありますか。」(2)「私はそれを自分自身でやらなければなりません。」(3)「だれかがここにやって来ます。」(4)「もしあなたがペンを持っていないなら，私の(もの)を使って。」(5)「彼女は何でも知っています。」
❸ (1) Please help yourself. は食べ物や飲み物などを「ご自由に」とすすめるときの決まった表現。

No. 08 熟語(1)・場面別表現(ディスカッション)

❶ (1) because　(2) example
　(3) Besides

❷ (1) forward　(2) turn [put / switch]
　(3) surprised　(4) all

❸ (1) front　(2) throw　(3) few
　(4) full　(5) of　(6) good

解説 ❶ **[会話の意味]** 千絵：列車よりも速いので，私は飛行機で旅行するほうがいいと思います。たとえば，東京から北海道に着くのにたった1時間半ほどしかかかりません。
アンディ：同意しますが，私たちはお金を節約する必要があります。列車で旅行するのがより安いです。そのうえ，窓からの美しい景色を楽しむことができます。
❷ (1)**「～を楽しみにする」**は **look forward to ～**。(2)テレビ・電気などを**「つける」**は **turn on ～**。put[switch] on ～としてもよい。(3)「～に驚く」は be surprised at ～。(4)「世界中で」は all over the world。
❸ (1)「駅の前で3時に会いましょう。」**in front of ～** で**「～の前で」**。order は「順序」，ready は「用意ができた」。(2)「ここに空き缶を捨てないで。」**throw away ～** で**「～を捨てる」**。go away は「立ち去る」，run away は「逃げる」。(3)「部屋に2，3人の子どもがいました。」**a few ～** は**「2，3の～」**。lot は「(a lot of で) たくさんの」，little は「(a little で) 少量の」。(4)「びんの中は水でいっぱいでした。」**be full of ～** で**「～でいっぱいである」**。large は「大きい」，filled は fill (いっぱいにする)の過去形・過去分詞。(5)「私は犬が怖くありません。」**be afraid of ～** で**「～を怖がる」**。(6)「久美は音楽が好きです。彼女はピアノをひくのが得意です。」**be good at ～ing** で**「～することが得意である」**。kind は「親切な」，well は「じょうずに」。

No. 09 まとめテスト(1)

❶ (1) population　(2) front　(3) agree
　(4) nothing

❷ (1) volunteer, activity
　(2) diary, written
　(3) known, traditional

❸ (1) finally　(2) entered　(3) half

❹ (1) also　(2) seat　(3) peace

解説 ❶ (1)「中国は人口が多いです。約14億人の人がそこに住んでいます。」(2)「私は駅の前でメグを待ちました。」(3)「私は彼に賛成しません。彼の考えは私のとはちがいます。」(4)「私は食べるものがなかったので，とても空腹でした。」
❷ (2)(3)受け身の文なので，過去分詞（written, known）を入れる。
❸ (1)「私たちはとうとう試合に勝ちました。」**at last** も **finally** も**「とうとう」**という意味。(2)「私は部屋に入りました。」go into ～ も enter も「～に入る」という意味。(3)「私は30分間歩きました。」thirty minutes は half an hour と表せる。
❹ (1)「私は果物が好きです。私の兄[弟]も果物が好きです。」more は「もっと」，also は「～も

また」，either は否定文で使って「～もまた(…ない)」。(2)「私は電車の中で席を見つけて，すわりました。」seat は「座席」，sight は「眺め」，race は「競走」。(3)「だれもが平和に暮らしたいと思っています。」in peace で「静かに，平和に」という意味。war は「戦争」，peace は「平和」，place は「場所」。

No. 10 名詞(3)

1 (1) オ (2) エ (3) ア (4) イ (5) ウ (6) カ

2 (1) advice (2) east (3) life (4) chance

3 (1) breakfast (2) countries (3) question (4) weather

解説 1 (1)「私たちはその事実を知りませんでした。」(2)「今朝，彼は交通事故にあいました。」(3)「空にはきれいな虹が出ています。」(4)「大阪に行くにはどの路線に乗るべきですか。」(5)「彼はその競走に勝つことができませんでした。」
(6)「この標識は何を意味していますか。」sign には，「記号，合図，身ぶり」という意味もある。有名人などの「サイン」は× *sign* ではなく，autograph を使う。
3 (1)「私たちはたいてい１日に３度食事をとります。朝の最初のものは朝食と呼ばれています。」(2)「私はフランス，ドイツ，スペインの３か国に行ったことがあります。」(3)「私は彼の言ったことが理解できなかったので，彼に質問をしました。」(4)「A：明日の横浜の天気はどうですか。B：くもりだそうです。」

No. 11 名詞(4)

1 (1) イ (2) エ (3) ア (4) カ (5) ウ (6) オ

2 (1) police (2) earthquake (3) health (4) report

3 (1) money (2) future (3) kind (4) college (5) differences

解説 1 (1)「大きな爆弾がその都市の上に落とされました。」(2)「そのグラフは東京の気温を示しています。」(3)「私はスミス先生と会話をしました。」(4)「身ぶりは意思伝達に役立ちます。」(5)「私たちは環境について考えるべきです。」
(6)「私はきのう，バスの停留所でボブを見かけました。」stop には動詞として「止まる，やめる」のほかに，名詞として「停留所」という意味もある。
3 (1)「私はその腕時計を買うのに十分なお金を持っていませんでした。」(2)「将来何になりたいですか。」in the future で「将来」。(3)「俳句は短い日本語の詩の一種です。」(4)「私の兄[弟]は大学生です。彼は数学を勉強しています。」(5)「日本文化とアメリカ文化にはたくさんのちがいがあります。」

No. 12 動詞(3)

1 (1) heard (2) left (3) told (4) found (5) taught (6) done

2 (1) waste (2) land (3) protect (4) support

3 (1) built (2) forget (3) snowing

4 (1) visit (2) enjoy

解説 1 (6)過去形と過去分詞の形が異なることに注意。
2 (2)名詞として「陸，土地」という意味もある。
3 (1)「この寺は約200年前に建てられました。」written は write(書く)の過去分詞，built は build(建てる)の過去形・過去分詞，tried は try(試みる)の過去形・過去分詞。(2)「サム，今夜私に電話するのを忘れないで。」forget to ～ で「～するのを忘れる」，remember to ～ で「忘れずに～する」，stop to ～ で「～するために立ち止まる」。
(3)「今朝，私が起きたとき雪が降っていました。とても寒かった。」dreaming は dream(夢を見る)の ing 形，flying は fly(飛ぶ)の ing 形，snowing は snow(雪が降る)の ing 形。
4 (1)「A：あなたは先月京都を訪れましたか。B：はい。そこへ桜を見に行きました。」(2)「A：あなたはきのうパーティーを楽しみましたか。B：ええ。楽しい時を過ごしました。」

No. 13 動詞(4)

❶ (1) save (2) happened (3) covered
(4) explained (5) hit (6) invited

❷ (1) solve (2) call (3) read
(4) been (5) done

❸ (1) started (2) study

解説 ❶ (2)(4)(5)(6)過去形に。hit の過去形は原形と同じ形で hit。(3)受け身の文。過去分詞に。
❷ (1)「この国は食料が不足しています。私たちはこの問題を解決しなければなりません。」collect は「集める」，protect は「保護する」，solve は「解決する」。(2)「私はパトリックです。私をパットと呼んでください。」call は「～と呼ぶ」，send は「送る」，ask は「たずねる」。
(3)「この本は世界中の多くの子どもたちに読まれています。」written は write(書く)の過去分詞，listened は listen(聞く)の過去形・過去分詞，read(読む)は過去形・過去分詞も原形と同じ形。発音は[red]となる。(4)「A：あなたは今までにシドニーへ行ったことがありますか。 B：いいえ。いつかそこに行きたいです。」**have been to ～**で**「～へ行ったことがある」**。been は be 動詞の過去分詞。left は leave(出発する)の過去形・過去分詞，seen は see(見える)の過去分詞。(5)「私はすでに宿題をしてしまいました。」taught は teach(教える)の過去形・過去分詞，done は do(する)の過去分詞，supported は support(支える)の過去形・過去分詞。

No. 14 前置詞(1)

❶ (1) by (2) on (3) about (4) in
(5) of (6) to

❷ (1) among (2) during (3) under
(4) around [round]

❸ (1) as (2) at (3) for (4) from

解説 ❶ (1)「これらの写真は私の父によって撮られました。」(2)「私たちは9月20日にコンサートを開きました。」**〈on＋日付〉**で「～月…日に」。(3)「あなたの大好きなスポーツについて話してください。」(4)「ある女性が英語で私に話しかけてきました。」**〈in＋言語名〉**で**「～語で」**。(5)「あなたはこの花の名前を知っていますか。」(6)「彼は家から駅まで歩きました。」
❷ (1)3つ・3人以上の「～の間で」には，ふつう among を使う。(2)特定の期間を表す語句が続いて「～の間」には during を使う。
❸ (1)「彼はボランティアとしてそこで働いています。」about は「～について」，as は「～として」，of は「～の」。(2)「まっすぐ行って，2番目の角で左に曲がってください。」of は「～の」，for は「～のために」，at は「～で」。(3)「誕生日おめでとう，ジョン。これはあなたへのプレゼントです。」on は「～の上に[の]」，for は「～のための」，with は「～といっしょに，～のある」。(4)「サラはカナダの出身です。彼女は英語とフランス語が話せます。」by は「～によって」，beside は「～のそばに」，from は「～から，～出身の」。

No. 15 形容詞(2)

❶ (1) ウ (2) エ (3) イ (4) ア

❷ (1) strong (2) long
(3) light [bright] (4) poor

❸ (1) such (2) no

❹ (1) careful (2) popular
(3) expensive

解説 ❶ (1)「私たちはそれを日常生活で使います。」(2)「彼らは丸いテーブルにつきました。」(3)「私たちにとって最善をつくすことは大切です。」(4)「バスはとても混雑していました。」
❷ (1)「私たちは弱いチームと野球の試合をしました。」weak(弱い)の反意語は**strong(強い)**。
(2)「あなたはあの髪の毛の短い女の子を知っていますか。」short(短い)の反意語は**long(長い)**。
(3)「部屋の中は暗かった。」dark(暗い)の反意語は**light(明るい)**。bright でもよい。(4)「世界には裕福な国がいくつかあります。」rich(裕福な)の反意語は**poor(貧しい)**。
❹ (1)「ここを歩くときには注意してください。床がぬれています。」clean は「清潔な」，useful は

「役に立つ」，careful は「注意深い」。(2)「岡先生の授業はおもしろいので，彼は生徒の間で人気があります。」popular は「人気のある」，exciting は「わくわくさせる」，impossible は「不可能な」。(3)「このドレスは私には高すぎて買えません。」too … to ～ は「…すぎて～できない」。possible は「可能な」，expensive は「高価な」，cheap は「安い」。

No. 16 副詞(2)

❶ (1) イ　(2) ウ　(3) ア　(4) エ

❷ (1) tomorrow　(2) suddenly
(3) already　(4) ago　(5) only [just]

❸ (1) about　(2) best　(3) early　(4) too

解説　❶ (1)「これらの花はどこでも見られます。」(2)「彼女はその質問に簡単に答えました。」(3)「あなたはまったく正しいです。」(4)「私はそれを決して忘れないでしょう。」

❷ (3)ふつう**肯定文**で**「もう，すでに」**という場合は **already** を使う。(4) ago は時間の長さを表す語句といっしょに使う。1語だけで使うことはない。

❸ (1)「駅まで歩いて約10分かかります。」about は副詞として「約～，およそ」という意味でも使う。(2)「私はすべての果物の中でオレンジがいちばん好きです。」**like ～ the best** で**「～がいちばん好きだ」**という意味。the は省略することもある。(3)「私は始発電車に乗らなければならなかったので，今朝は早く起きました。」(4)「A：おなかがすいています。あなたはどうですか，美穂。B：私もです。レストランへ行きませんか。」

No. 17 熟語(2)・場面別表現（ディスカッション）

❶ (1) ウ　(2) ア　(3) エ　(4) イ

❷ (1) used, to　(2) back, from
(3) for, time　(4) More, and
(5) do, favor

❸ (1) piece　(2) proud　(3) from　(4) off

解説　❶ (1)「あなたはそれについてどう思いますか。」意見を求めるときの表現にはほかに，Do you have any ideas?（何か考えはありますか。），How about you?（あなたはどうですか。）などもある。(2)「2つの理由があります。」このあとに，具体的な理由を述べる。(3)「私はあなたに賛成です。」賛成するときの表現にはほかに，I think so, too.（私もそう思います。），That's true.（その通りです。）などもある。(4)「それはどうかな。」とやんわりと反対する言い方。反対するときの表現にはほかに，I disagree.（私は反対です。）や I don't agree with you.（私はあなたに賛成ではありません。），I don't think so.（私はそうは思いません。）などもある。

❷ (1) used to ～ は「以前は～した(が，今はしていない)」ということを表す。(4)**「ますます多くの～」**は **more and more ～**。(5) favor は「願い，親切な行い」。May I ask you a favor? とも言う。

❸ (1)「ケーキをもう1切れいかがですか。」a piece of ～ で「1切れの～」。glass は「コップ」，sheet は「(紙などの) 1枚」。(2)「ヒルさんは自分の息子を誇りに思っています。」**be proud of ～** で**「～を誇りに思う」**。good は「よい」，clever は「かしこい」。(3)「私の考えはボブのものとは異なります。」**be different from ～** で**「～と異なる」**。(4)「私は駅前でバスを降りました」。**get off ～** で**「～を降りる」**。**「～に乗る」**は **get on ～**。

No. 18 まとめテスト(2)

❶ (1) used　(2) sure　(3) already
(4) kind

❷ (1) protect, future
(2) never, forget
(3) popular, among

❸ (1) left　(2) stop　(3) about

❹ (1) long　(2) time　(3) invited

解説　❶ (1)「私の父は以前は車を運転しましたが，今はしません。」(2)「私たちが制服を着ることは必要だと私は思います。―それはどうでしょうか[私は確信していない]。」(3)「私はすでに宿題を終えているので，外出できます。」(4)「どんな種類の音楽が好きですか。―ポップスが好きです。」

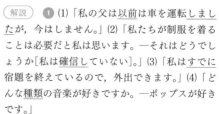

❸ (1)「彼女はパリに向けて出発しました。」「警察署が左側に見えるでしょう。」(2)「学校の前にバスの停留所があります。」「なぜあなたたちはテニスをするのをやめたのですか。」(3)「東京から横浜までは約30分かかります。」「これは有名な芸術家についての本です。」

❹ (1)「あなたは神戸にどのくらい滞在しましたか。―2日間です。」期間の長さは How long, 数は How many, 量・値段は How much でたずねる。(2)「私は彼女に長い間会っていません。」for a long time で「長い間」。top は「頂上」, graph は「グラフ, 図表」。(3)「私たちはボブの誕生日パーティーに招待されました。」taught は teach(教える)の過去形・過去分詞, covered は cover(覆う)の過去形・過去分詞, invited は invite(招待する)の過去形・過去分詞。

No. 19 名詞(5)

❶ (1) order (2) island
(3) price (4) top

❷ (1) corner (2) computer
(3) animals (4) size

❸ (1) energy (2) environment
(3) warming

❹ (1) success (2) voice (3) language

解説 ❶ (2) island は発音しない s のつづりに注意。

❷ (1)「まっすぐ行って, 最初の角を右に曲がってください。」sight は「眺め」, corner は「角」, group は「グループ」。(2)「私はメールを送るためによくコンピューターを使います。」radio は「ラジオ」, computer は「コンピューター」, video は「ビデオ, 動画」。(3)「私の兄[弟]は動物が好きです。彼は将来, 動物園で働きたいと思っています。」animal は「動物」, math は「数学」, fruit は「果物」。(4)「私の部屋はあなたの部屋と同じ大きさです。」size は「サイズ, 大きさ」, time は「時間」, day は「日」。

❸ (3) **global warming** で **「地球温暖化」**。

❹ (1)「スミスさんは歌手としては失敗しましたが, 作家としては大成功しました。」success(成功, 成功者)と failure(失敗, 失敗者)はセットで覚えておこう。(2)「その部屋の中はとてもうるさかったので, 彼は大きな声で話さなければなりませんでした。」(3)「A：あなたの国では何語が話されていますか。　B：スペイン語です。」

No. 20 名詞(6)

❶ (1) エ (2) ウ (3) イ (4) ア (5) オ

❷ (1) action [act] (2) minutes

❸ (1) points (2) rest (3) trouble
(4) dreams (5) plane (6) sea
(7) people

解説 ❶ (1)「あなたはもっと野菜を食べたほうがよい。」(2)「彼は店員としてその店で働いています。」(3)「マイクのおじは農場経営者です。」(4)「これは日本様式の朝食です。」(5)「生ごみを再生利用するいくつかの方法があります。」

❸ (1)「私たちのチームは3点差で勝ちました。」(2)「あなたは働くのをやめて休憩をとるべきだと思います。」(3)「そのロケットは何の問題もなく地球に帰還しました。」(4)「きっとあなたたちの夢は実現します。」**come true** は **「実現する」** という意味。(5)「彼らは成田空港で飛行機を降りました。」(6)「私の父は海に釣りに行くのが好きです。」(7)「外国からのたくさんの人々がそのパーティーに来ました。」

No. 21 動詞(5)

❶ (1) Let (2) imagine (3) complain
(4) reduce (5) missed (6) choose

❷ (1) practice (2) feel (3) ride
(4) save

❸ (1) spend (2) became
(3) understand (4) teaches

解説 ❶ (5) miss にはほかに **「～がいなくてさびしく思う」** という意味もある。

❷ (4) save には **「節約する」** という意味のほか, **「(お金を)ためる」** という意味もある。

❸ (1)「テレビゲームにあまり時間を費やしては

いけません。」spend は「(時間を)過ごす」。「(お金を)使う」という意味もある。give は「与える」，have は「持っている」。(2)「その科学者はノーベル賞をとって，有名になりました。」became は become の過去形。**〈become＋形容詞[名詞]〉**で**「〜になる」**。sounded は sound(〜のように聞こえる)の過去形，made は make(〜にする) の過去形。(3)「他の文化について勉強することは私たちが自分たちの文化を理解することの手助けになります。」**〈help＋人＋動詞の原形〉**で**「(人)が〜するのを助ける」**。bring は「持ってくる」，give は「与える」，understand は「理解する」。(4)「私の母は高校で働いています。彼女は国語を教えています。」clean は「そうじする」，teach は「教える」，help は「助ける」。

No. 22 動詞(6)

❶ (1) move (2) held (3) jumped
(4) leads (5) continued
(6) communicate

❷ (1) arrive (2) looked (3) exchange
(4) leave

❸ (1) wrote (2) find (3) lent (4) stay

解説 ❶ (2) hold は「(会を)催す」のほかに，「つかむ」という意味もある。過去形にする。(3)(5)過去形にする。(4) 3人称単数現在形にする。
❷ (1)「あなたが駅に着いたら，私に電話をかけてください。」at があるので，「〜に着く」は arrive at 〜で表す。get は「着く」，return は「戻る」。(2)「ジムはその知らせを聞いたとき，うれしそうでした。」**〈look＋形容詞〉**で**「〜のように見える」**。watched は watch(〈じっと〉見る)の過去形，saw は see(見える)の過去形。(3)「A：このコートをもっと小さいものに交換してもらえますか。　B：お待ちください。確認してまいります。」wear は「着る」，exchange は「交換する」，turn は「曲がる」。(4)「私はふだん8時ごろに学校へ出かけます。」**leave for 〜**で**「〜に向けて出発する」**。go は「行く」，come は「来る」。
❸ (1)「ジャックは昨夜，祖父に長い手紙を書きました。」(2)「美紀はかぎをさがしましたが，見つけられませんでした。」(3)「モリーは私が長い間読みたかった本を貸してくれました。」lend(貸す)は不規則動詞。過去形は lent。borrow(借りる)と混同しないように注意。(4)「A：あなたはカナダにどのくらい滞在しましたか。　B：2週間です。そこで多くの場所を訪れました。」

No. 23 代名詞(2)

❶ (1) everyone (2) anything
(3) another (4) Each (5) Some

❷ (1) ourselves (2) its

❸ (1) other (2) his (3) one (4) them
(5) ours (6) that (7) mine

解説 ❶ (1)「ジムは親切なので，みんなが彼のことが好きです。」(2)「何か飲むものはありますか。」(3)「私はこのシャツが好きではありません。別のものを見せてください。」(4)「メンバーのそれぞれがユニフォームを持っています。」(5)「彼らの何人かはバスで学校へ来ます。」
❷ (1)複数の場合，-selves の形になることに注意。
❸ (1)「私には姉妹が2人います。1人は大学生で，もう1人は警察官です。」each は「それぞれ」，both は「両方」，other は「もう一方」。
(2)「こちらとあちらでは，どちらのノートが彼のものですか。」his は「彼の(もの)」，her は「彼女の」，their は「彼らの」。(3)「このかばんは小さすぎます。もっと大きいものはありますか。」one は「もの」，it は「それ」，that は「あれ」。(4)「私はカナダに友人が2，3人います。私は彼らによくメールを送ります。」him は「彼を[に]」，her は「彼女を[に]，彼女の」，them は「彼らを[に]」。(5)「これらの本は私たちのものではありません。」our は「私たちの」，ours は「私たちのもの」，us は「私たちを[に]」。(6)「カナダの気候は日本のそれとはちがいます。」that of 〜の形で使われ，前の名詞のくり返しをさけて，「(〜の)それ」。this は「これ」，it は「それ」。(7)「私の友人が今朝，私に電話をかけてきました。」a friend of mine で「私の友人(の1人)」。my は「私の」，me は「私を[に]」，mine は「私のもの」。

No. 24 形容詞(3)

❶ (1) エ　(2) ウ　(3) ア　(4) イ

❷ (1) enough　(2) next　(3) beautiful　(4) famous

❸ (1) small　(2) convenient　(3) last　(4) hungry

解説　❶ (1)「私はあなたに何か特別なものをあげます。」(2)「私は彼に数年前に会いました。」several は3つ以上で，それほど多くない数を表す。(3)「国立博物館はどこですか。」(4)「彼らは国際的な会合を開きました。」

❸ (1)「このシャツは私には小さすぎます。もっと大きいのが必要です。」(2)「A：スミスさん，いつが都合がよいですか。　B：今日は忙しいです。明日はだいじょうぶです。」(3)「キャシーはこの前の日曜日に東京に戻りました。」(4)「私は今日，昼食を食べなかったので，今とてもおなかがすいています。本当に何か食べたいです。」

No. 25 副詞(3)

❶ (1) ア　(2) イ　(3) エ　(4) ウ

❷ (1) once　(2) instead　(3) still　(4) yet　(5) straight

❸ (1) usually　(2) just　(3) most　(4) ever

解説　❶ (1)「明日は雨が降るかもしれません。」(2)「私はいつかパリを訪れたいです。」(3)「彼女はときどきテニスをします。」(4)「私はいつまでもあなたを覚えているでしょう。」

❷ (1) once には「1度，1回」のほか，「かつて」という意味もある。(4) **yet** は**否定文**で**「まだ」**，**疑問文**で**「もう，すでに」**という意味で使う。

❸ (1)「私はたいてい歩いて学校へ行きますが，今日はバスに乗りました。」(2)「私はちょうど部屋をそうじしたところです。」(3)「これは3冊の中でいちばん難しい本です。」(4)「あなたは今までにこの映画を見たことがありますか。」

No. 26 接続詞

❶ (1) after　(2) because　(3) but　(4) until　(5) if　(6) so

❷ (1) before　(2) when　(3) that　(4) While　(5) since

❸ (1) as　(2) or　(3) Though

解説　❶ (1)「私は宿題を終えたあとに帰宅します。」(2)「私はとても疲れていたので，歩きたくありませんでした。」(3)「私はかばんをさがしましたが，見つけられませんでした。」(4)「私は彼が来るまで長い間待ちました。」(5)「明日，もし雨が降ったら，私たちはそこへ行きません。」if に続く文では，未来を表す場合でも動詞は**現在形**にする。(6)「母は病気で寝ています。だから私は夕食を作らなければなりません。」

❸ (1)「私は戻ったらすぐにあなたに電話します。」**as soon as ～** で**「～するとすぐに」**。(2)「私たちは音楽の授業か美術の授業かどちらかを受けなければなりません。」**either *A* or *B*** で**「A か B か(どちらか)」**。**both *A* and *B*** **(A も B も両方とも)**と区別する。(3)「ジャックは熱心に勉強しましたが，試験に合格できませんでした。」

No. 27 熟語(3)・場面別表現(道案内)

❶ (1) how　(2) Change　(3) long　(4) Would　(5) of

❷ (1) because　(2) other　(3) only, also　(4) that

❸ (1) care　(2) as　(3) give

解説　❶ (4) **Would you like me to ～?** は「私に～してほしいですか」→**「(私が)～しましょうか」**とていねいに申し出る言い方。

[会話の意味] A：すみません。浅草への行き方を教えてもらえますか。

B：いいですよ。電車を使ったほうがいいですよ。タクシーよりも安いです。

A：わかりました。どの電車に乗ればいいですか。

B：中央線に乗って神田へ行ってください。そこで銀座線に乗り換えてください。

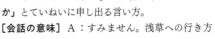

A：わかりました。どのくらいかかりますか。
B：15分くらいです。駅までお連れしましょうか。
A：ありがとうございます。ご親切にどうも。

❷ (1)「～のために」は because of ～。(2)「互い(に)」は each other。(3)「A だけでなく B も」は not only *A* but (also) *B*。(4)「とても～なので…」は so ～ that …。

❸ (1)「メグは私たちが外出している間，犬の世話をしてくれました。」take care of ～ で「～の世話をする」。place は「場所」，safe は「安全な」。(2)「ビルはレモンやオレンジのような果物が好きです。」such as ～ で「～のような」。with は「～といっしょに」，in は「～の中に」。(3)「そんなに簡単にあきらめないで。あなたならできます。」give up で「あきらめる」。look は「見る」，say は「言う」。

No. 28 まとめテスト(3)

❶ (1) ever (2) someday (3) yet (4) if
❷ (1) order (2) price (3) hold (4) trouble (5) that (6) missed
❸ (1) spend (2) stayed (3) communicate (4) understand

解説 ❷ (1)「ご注文をうかがいましょうか。―紅茶をお願いします。」picture は「絵，写真」，order は「注文」，voice は「声」。(2)「その自転車の値段は高すぎて，私には買えません。」price は「値段」，color は「色」，money は「金」。(3)「次の土曜日，学校で特別な行事を開催します。」hold は「開催する」，go は「行く」，come は「来る」。(4)「あなたは何か困っていますか。助けが必要ですか。」be in trouble で「困っている」。life は「生活」，way は「道，方法」，trouble は「心配，苦労」。(5)「私はとても疲れていたので，とても早く寝ました。」**so ～ that … で「とても～なので…」**。because は「～なので」，while は「～する間に」。(6)「私はバスに乗りそこなったので，学校に遅刻しました。」missed は miss(乗りそこなう)の過去形，made は make(作る)の過去形，wasted は waste(むだにする)の過去形。

❸ ［会話の意味］A：夏休みはどう過ごしましたか。
B：私はオーストラリアへ行って，2週間ホストファミリーのところに滞在しました。
A：それはすごいですね。あなたはホストファミリーと英語でコミュニケーションをとりましたか。
B：はい。最初は難しかったです。ですが，英語を話すよう一生懸命努めて，彼らも私に簡単な英語で話してくれたので，お互いに理解し合うことができました。本当に楽しかったです。

No. 29 名詞(7)

❶ (1) clerk (2) skill (3) scene (4) government
❷ (1) floor (2) phone (3) ticket (4) newspaper
❸ (1) art (2) oil (3) magazine
❹ (1) exchange (2) programs (3) farmer

解説 ❷ (1)「私の寝室は2階にあります。」roof は「屋根」，window は「窓」，floor は「階，床」。(2)「私は電話でしばらくルーシーと話しました。」phone は「電話」，TV は「テレビ」，radio は「ラジオ」。(3)「A：コンサートのチケットはどこで買えますか。　B：ここで買えます。」card は「カード」，stamp は「切手」，ticket は「チケット」。(4)「A：新聞には何か興味深いことがのっていますか。　B：物価が来月，また上がると書いてあります。」newspaper は「新聞」，movie は「映画」，theater は「映画館」。

❹ (1)「ポールはアメリカからの交換留学生です。」(2)「A：あなたはテレビでどんな種類の番組を見ますか。　B：私はよくクイズ番組を見ます。」(3)「私の父は農場経営者です。いろいろな種類の野菜を育てています。」

No. 30 名詞(8)

❶ (1) ウ (2) エ (3) ア (4) イ (5) カ (6) オ

❷ (1) business　(2) address
　(3) history　(4) culture
❸ (1) passport　(2) post office
　(3) member　(4) program
　(5) experience

解説　❶ (1)「私は脚を骨折したので車いすを使わなければなりませんでした。」(2)「ジェーンは目になみだを浮かべて帰宅しました。」(3)「彼は大気汚染についての本を読みました。」(4)「私たちには教育を受ける権利があります。」right には「右，正しい」のほかに「権利」という意味もある。(5)「東京では最高気温が30度になるでしょう。」(6)「彼は政府の新しいリーダーです。」
❸ (1)「外国を旅行するときはパスポートを携帯してください。」(2)「私は切手を買いに郵便局へ行きました。」(3)「ジムはサッカー部の一員です。彼はよい選手です。」(4)「ほとんどの子どもたちがこのテレビ番組が好きです。」(5)「お年寄りと話すことは，生徒にとってすばらしい経験でした。」

No. 31　動詞(7)

❶ (1) produces　(2) notice
　(3) encouraged　(4) recycle
　(5) laugh
❷ (1) lasted　(2) buy　(3) know
❸ (1) finished　(2) agree　(3) Take
❹ (1) talk　(2) learning

解説　❶ (1)produce は「生産する，産出する」。
❷ (1)「パーティーは2時間以上続きました。私は楽しい時を過ごしました。」enjoyed は enjoy(楽しむ)の過去形，lasted は last(続く)の過去形，ended は end(終わる)の過去形。(2)「私のコンピューターはこわれています。新しいものを買いたいです。」learn は「学ぶ」，buy は「買う」，give は「与える」。(3)「A：この機械の使い方を知っていますか。　B：はい。このボタンを押すだけです。」know は「知っている」，have は「持っている」，get は「手に入れる」。
❸ (1)「私はまだ宿題を終えていないので，テレビを見ることができません。」(2)「私の意見をどう思いますか。—あなたに賛成です。」(3)「上野にはどうやって行けばよいですか。—山手線に乗ってください。」

No. 32　形容詞(4)

❶ (1) イ　(2) ウ　(3) エ　(4) ア
❷ (1) heavy　(2) cold　(3) old
　(4) difficult [hard]
❸ (1) useful　(2) interesting
　(3) terrible
❹ (1) few　(2) free

解説　❶ (1)「私は昨夜，奇妙な音を聞きました。」(2)「ここで泳ぐのはとても危険です。」(3)「彼はその知らせを聞いたとき，怒りました。」(4)「トムがその計画に反対するのは当然です。」natural には「自然の」という意味もある。
❷ (1)「この箱は1人で運べるくらい軽い。」light(軽い)の反意語は **heavy(重い)**。(2)「この部屋はとても暑い。」hot(暑い)の反意語は **cold(寒い)**。(3)「私の父は年齢のわりには若く見えます。」young(若い)の反意語は **old(年をとった)**。(4)「私にとってこの質問に答えるのは簡単です。」easy(簡単な)の反意語は **difficult(難しい)**。hard でもよい。
❹ (1)「夕方，公園にはほとんど子どもはいませんでした。」few は数えられる名詞の前で使って，「ほとんど～ない」という意味。lot は「(a lot of で) たくさんの」，much は「多量の」。(2)「A：あなたは暇なときは何をしますか。　B：音楽を聞くか，雑誌を読みます。」free にはほかに「自由な，無料の」という意味もある。fast は「速い」，long は「長い」。

No. 33　副詞(4)

❶ (1) ウ　(2) エ　(3) イ　(4) ア
❷ (1) up　(2) late　(3) off
❸ (1) yesterday　(2) abroad [overseas]
　(3) soon　(4) much [far / still]
　(5) alone　(6) just

解説　❶ (1)「私はどこかにかぎを置き忘れました。」(2)「私たちは深く感銘を受けました。」(3)「彼はたぶん試験に合格するでしょう。」(4)「試合は3時に終わりました。」

❷ (1)「私たちは1階におりていきました。」down(下へ)の反意語は **up(上へ)**。(2)「私は今朝，早く起きました。」early(早く)の反意語は **late(遅く)**。(3)「だれがテレビをつけましたか。」on(〈電気などが〉ついて)の反意語は **off**(切れて)。

No. 34 前置詞(2)

❶ (1) in　(2) with　(3) from　(4) by

❷ (1) on　(2) over　(3) near

❸ (1) before　(2) at　(3) without

❹ (1) between　(2) since　(3) for

解説　❶ (1)「ボブは2005年に生まれました。」(2)「手に赤いかばんを持った女の子が由紀です。」(3)「私たちは月曜日から金曜日まで学校に通っています。」(4)「『こころ』は夏目漱石によって書かれました。」

❸ (1)「私たちは日没前に帰宅するほうがよい。」from は「～から」，behind は「～の後ろに」，before は「～の前に」。(2)「メアリーは夜遅くに私に電話してきました。」「夜に」は at night。(3)「純はさよならも言わずに部屋を出ていったので，私たちは彼がそこにいないことを知りませんでした。」**without ～ing** で **「～しないで」** という意味。with は「～といっしょに」，along は「～に沿って」。

No. 35 熟語(4)・場面別表現(食事)

❶ (1) help　(2) like　(3) Could　(4) thank

❷ (1) too　(2) example　(3) out
(4) over

❸ (1) get　(2) in　(3) turn　(4) Why

解説　❶ (2) **Would you like ～?** は **「～はいかがですか」**，(3) **Could you ～?** は **「～してもらえますか」** という意味で，どちらもていねいな表現。

[会話の意味] A：ここにクッキーがあります。自由に取って食べてください。
B：ありがとう。わ，とてもおいしいです。
A：紅茶を1杯いかがですか。
B：はい，お願いします。砂糖を取ってもらえますか。
A：はい，どうぞ。もう少しクッキーはどうですか。
B：いいえ，結構です。おなかがいっぱいです。

❷ (1)「～すぎて…できない」は too ～ to …。(2)「たとえば」は for example。(3)「～を出ていく」は go out of ～。(4)「向こうに，あそこに」は over there。

❸ (1)「この電車は何時に山形駅に着きますか。」**get to ～** で **「～に着く」**。take は「取る」，arrive は arrive in[at] ～ で「～に到着する」。(2)「久美は韓国の文化にとても興味があります。」**be interested in ～** で **「～に興味がある」**。(3)「寝るときに電気を消すのを忘れないで。」**turn off ～** で **「～を消す」**。go は「行く」，change は「変える」。(4)「A：パーティーに来ませんか。　B：はい，ぜひ行きたいです。」**Why don't you ～?** は **「～しませんか，～してはどうですか」**。

No. 36 まとめテスト(4)

❶ (1) passport　(2) magazine
(3) dangerous　(4) free

❷ (1) angry　(2) recycle　(3) pollution

❸ (1) right　(2) cold　(3) over

❹ (1) from　(2) with　(3) Would

解説　❶ (1)「私たちが外国へ行くとき，パスポートが必要です。」(2)「私は書店で雑誌を買いました。」(3)「そのへいから飛び降りるのは危険です。」(4)「あなたは明日は暇ですか。」

❸ (1)「最初の角を右に曲がってください。」「私たちには幸せに生きる権利があります。」(2)「私はひどいかぜをひいていたので，学校を休みました。」「ここの冬はとても寒いです。」(3)「山の上に虹がかかっています。」「学校が終わったあと，校門で会いましょう。」

❹ (1)「彼らは9時から5時まで働きました。」**from *A* to *B*** で **「A から B まで」**。(2)「長くて白い毛の[長くて白い毛をもつ]ネコは私のです。」「～をもって」は with。(3)「A：チョコレートはいかがですか。　B：はい，お願いします。」

ANSWERS

Would you like ～? で「～はいかがですか」。

No. 37 名詞(9)

❶ (1) rule (2) memory (3) opinion
(4) neighbor (5) south (6) power

❷ (1) age (2) style (3) influence
(4) classes (5) message (6) fun
(7) things

❸ (1) world (2) purpose (3) subject

解説 ❷ (1)「信二は10歳のとき，シンガポールに引っ越しました。」**at the age of ～ で「～歳のとき」**。side は「側，面」，day は「日」。
(2)「こういうスタイルの音楽は「演歌」と呼ばれます。」work は「仕事」，culture は「文化」，style は「様式」。(3)「この本は子どもたちによい影響を与えます。」internet は「インターネット」，influence は「影響」，symbol は「象徴」。(4)「佐藤先生は私たちの学校の理科の先生です。彼女の授業はおもしろいです。」chance は「機会」，class は「授業」，place は「場所」。(5)「A：すみませんが，拓はいません。伝言を受けましょうか。　B：いいえ，結構です。あとでかけ直します。」message は「伝言」，holiday は「休日」，phone は「電話」。(6)「A：私たちはこの週末キャンプに行きます。私たちといっしょに来ませんか。　B：はい。楽しそうですね。」**〈sound like ＋名詞〉で「～のように聞こえる」**という意味。fan は「ファン」，fun は「楽しいこと」，good は「よい」。(7)「A：あなたは今日の午後は暇ですか。　B：いいえ。私はすることがたくさんあります。」word は「言葉」，time は「時間」，thing は「こと」。
❸ (1)「中国は世界最大の人口を有しています。」(2)「A：訪問の目的は何ですか。　B：観光です。」(3)「A：どの教科がいちばん好きですか，健。　B：数学がいちばん好きです。」

No. 38 名詞(10)

❶ (1) ア (2) エ (3) ウ (4) オ (5) イ

❷ (1) reason (2) power

❸ (1) interview (2) century (3) side
(4) Millions

❹ (1) neighbor (2) ceremony
(3) festival

解説 ❶ (1)「私はその本を何度も読んだことがあります。」(2)「東京スカイツリーは東京の象徴です。」(3)「私は日本の学校制度について話しました。」(4)「ジムは箱の中に大切な宝物をしまっています。」(5)「おつりです。―ありがとう。」change には名詞で**「おつり」**という意味もある。
❷ (2)「太陽電力」は solar energy としてもよい。
❸ (1)「私たちはトムにインタビューをして，いくつか質問をしました。」(2)「21世紀の終わりまでに月旅行ができるだろうと思います。」(3)「郵便局は川の反対側にあります。」(4)「何百万人という人が毎年そこを訪れます。」

No. 39 動詞(8)

❶ (1) Lie (2) Count (3) express
(4) lost (5) suffered (6) cheered

❷ (1) want (2) asked (3) respect
(4) decided

❸ (1) give (2) means (3) keep
(4) close

解説 ❶ (1)「横になる，寝る」は lie。(4)～(6)は過去形にする。(4) lose には「負ける，なくす」のほか，「見失う，迷う」という意味もある。
(5) **suffer from ～ で「～に苦しむ，悩む」**。
❷ (1) **〈want ＋人＋ to ～〉で「(人)に～してもらいたい」**。(2) **〈ask ＋人＋ to ～〉で「(人)に～するように頼む」**。(4) decide to ～ で「～しようと決心する」。
❸ (1)「私は結衣の誕生日にこのぼうしをあげます。」(2)「私はこの単語が何を意味するのかがわかりません。私は辞書が必要です。」(3)「ジムがまもなくここに来るので，ドアを開けておいてください。」〈keep＋人・物など＋形容詞〉で「(人・物など)を～にしておく」という意味。(4)「これらの店は10時に開店し，6時に閉店します。」

No. 40 形容詞(5)

❶ (1) イ　(2) ア　(3) エ　(4) ウ
　(5) カ　(6) オ　(7) キ

❷ (1) comfortable　(2) dead　(3) ready

❸ (1) local　(2) wrong　(3) sick

解説　❶ (1)「ネコは夜に活動的になります。」(2)「次郎はたくさんの外国の国々を訪れたことがあります。」(3)「亜紀の犬はとてもかしこいです。」(4)「私の考えはあなたのと似ています。」(5)「英語は私たちの共通の言語です。」(6)「私たちはここから町全体を見渡せます。」(7)「彼女は私にジムが驚くべき発見をするだろうと言いました。」
❸ (1)「私はそのニュースを全国紙ではなく，地元の新聞で読みました。」(2)「私の答えがまちがっていると思います。あなたの答えが正しいです。」(3)「私の兄[弟]は3日間ずっと病気で寝ています。」**be sick in bed** で**「病気で寝ている」**。

No. 41 前置詞(3)

❶ (1) ウ　(2) ア　(3) エ　(4) カ
　(5) オ　(6) イ

❷ (1) behind　(2) like　(3) of
　(4) until [till]

❸ (1) on　(2) across　(3) In　(4) after

解説　❶ (1)「ジムは3時までに戻ってくるでしょう。」**by** は**「～までに」**の意味で**期限**を表す。(2)「この電車は京都行きですか。」(3)「彼女は鉛筆を使ってそれを書きました。」(4)「私たちは戦争に反対です。」against(～に反対して)の反意語は **for(～に賛成して)**。(5)「飛行機は雲の上を飛びました。」(6)「私はボランティア活動を通してたくさんの人々に会いました。」
❷ (4) **until[till]** は**「～までずっと」**という意味で，**動作・状態の続く期間**を表す。
❸ (1)「私は日曜日の朝にときどき朝食を作ります。」**特定の日の**「朝に」というときは，in ではなく **on** を使う。(2)「通りを歩いてわたるときは気をつけなさい。」among は「(3つ以上)の間に」，between は「(2つ)の間に」，across は「～をわたって」。(3)「東京は6月にたくさん雨が降りました。」「～月に」は in を使う。(4)「水曜日は火曜日のあとに来ます。」after は「～のあとに」，before は「～の前に」，without は「～なしで」。

No. 42 動詞(9)

❶ (1) injured　(2) introduced
　(3) impressed　(4) Fill　(5) translate

❷ (1) began　(2) moved　(3) bring

❸ (1) tell　(2) answer　(3) lost

❹ (1) borrow　(2) waited

解説　❶ (1)(3)受け身で表すので，過去分詞にする。(2)過去形にする。
❷ (1)「雨が降り始めたので，私はかさが必要でした。」began は begin(始める)の過去形，stopped は stop(止める)の過去形，got は get(手に入れる)の過去形。(2)「健は彼女のスピーチに感動しました。」move には「～を感動させる」という意味もある。heard は hear(聞こえる)の過去形・過去分詞，asked は ask(たずねる)の過去形・過去分詞。(3)「A：あなたにお水を持ってきましょうか。　B：はい，お願いします。とてものどがかわいています。」take は「持っていく」，want は「ほしい」，bring は「持ってくる」。
❸ (1)「駅への行き方を教えてください。」(2)「ジムは彼女に質問をしましたが，彼女はそれに答えることができませんでした。」(3)「A：あなたたちはきのう試合に勝ちましたか。　B：いいえ，私たちは負けましたが，次回はきっと勝ちます。」
❹ (1) lend(貸す)と混同しないこと。

No. 43 熟語(5)・場面別表現(依頼・申し出など)

❶ (1) Here　(2) wrong　(3) like
　(4) Shall

❷ (1) Could, help　(2) do, for
　(3) instead, of　(4) away, from
　(5) able, to

❸ (1) had　(2) what　(3) better

解説　❶ (1)「パスポートを見せてください。—はい，どうぞ。」(2)「どこか悪いのですか。—頭痛がします。」(3)「電話をお借りしたいのですが。—いいですよ。」**I'd like to ～.(～したいのですが。)はI want to ～.よりもていねいな言い方**。(4)「ドアを開けましょうか。—はい，お願いします。」should を使うこともできる。

❷ (1)**「～してもらえますか」**とていねいに依頼するときは**Could you ～?**を使う。Would[Will, Can]としてもよい。

❸ (1)「由美は母親が帰ってくるのが遅かったので，夕食を作らなければなりませんでした。」have to ～の過去形は**had to ～**。made は make(作る)の過去形，took は take(取る)の過去形。(2)「A：私は自分の仕事を終えました。次に何をすればよいか教えてください。　B：私の仕事を手伝ってください。」when は「いつ」，where は「どこ」，what は「何」。(3)「A：あなたは今朝，具合が悪そうでした。だいじょうぶですか。　B：あのときは具合が悪かったのですが，今はよくなりました。」**get better**で**「(体調などが)〈より〉よくなる」**。more は「もっと多く」，worse は「より悪く」。

No.44 まとめテスト(5)

❶ (1) things　(2) rules　(3) introduce
(4) similar

❷ (1) had, to　(2) across　(3) what, to

❸ (1) filled　(2) against　(3) foreign

❹ (1) borrow　(2) by　(3) impressed

解説　❶ (1)「私はすることがたくさんあるので，出かけられません。」(2)「あなたはテニスのルールを知っていますか。」(3)「あなたにヒルさんを紹介しましょう。」(4)「あなたのかばんは私のものと似ています。」

❸ (1)「コップは牛乳でいっぱいです。」**be full of ～**を**be filled with ～**で書きかえる。(2)「マイクは私の意見に反対でした。」**disagree(意見が合わない)**を**be against ～(～に反対である)**で書きかえる。(3)「私は外国で勉強したいです。」**abroad**を**in a foreign country**で書きかえる。

❹ (1)「私のペンが見つかりません。あなたのを借りてもいいですか。」bring は「持ってくる」，borrow は「借りる」，lend は「貸す」。(2)「この仕事を明日までに終えましょう。」by は「～までに」，in は「～の中に」，until は「～まで(ずっと)」。(3)「彼の話はすばらしかった。私はそれにとても感銘を受けました。」expressed は express(表現する)の過去形・過去分詞，impressed は impress(感動させる)の過去形・過去分詞，translated は translate(翻訳する)の過去形・過去分詞。

No.45 総復習テスト(1)

❶ (1) chance, to　(2) Both, important
(3) how, to　(4) enough, finish
(5) tell, reason

❷ (1) like　(2) change　(3) left

❸ (1) イ　(2) エ　(3) ア

❹ (1) イ　(2) エ　(3) ア　(4) ウ

❺ (1) between　(2) either　(3) want
(4) as

❻ (1) ① popular　② almost [nearly]
(2) such　(3) seen

解説　❷ (1)「真紀は東京のような大都市に住みたいと思っています。」「私は全教科の中で数学がいちばん好きです。」(2)「父はおつりを受け取り，それをポケットの中に入れました。」「東京駅で電車を乗り換えるべきです。」(3)「スーは電車にかさを置き忘れました。」「次の角で左に曲がってください。」

❸ (1)「外国の人々にとっては漢字を覚えるのは簡単ではありません。」**ア** different は「ちがう」，**イ** difficult は「難しい」，**ウ** natural は「自然の，当然の」，**エ** strange は「奇妙な」。(2)「スーツケースがとても重かったので，私には運べませんでした。」**ア** warm は「暖かい」，**イ** dark は「暗い」，**ウ** right は「正しい」，**エ** light は「軽い」。(3)「私は暇なとき，よく公園へ行きます。」**ア** busy は「忙しい」，**イ** hungry は「空腹な」，**ウ** sleepy は「眠い」，**エ** dirty は「きたない」。

❹ (1)「私の名前はスーザンです。スーと呼んで

ください。」(2)「ボブに電話をしたいのです。彼の電話番号を教えてください。」(3)「太郎は札幌から千葉へ引っ越す予定です。」(4)「私は部屋の真ん中までテーブルを動かしたいです。」

❺ (1)「銀行は公園とホテルの間にあります。」among は「(3つ以上の)間に」，between は「(2つの)間に」，from は「～から」。(2)「私は納豆を食べませんし，メグも食べません。」**否定文で「～も（…ない）」はeither。肯定文で「～も」はtoo。** together は「いっしょに」。(3)「私はあなたに3時以降に私を訪ねてもらいたいです。」〈want＋人＋to ～〉で「(人)に～してもらいたい」。have は「持っている」，take は「取る」。(4)「母は高校で教師として働いています。」at は「～で」，as は「～として」，of は「～の」。

❻ **[会話の意味]** リサ：こんにちは，由紀。何をしているの？

由紀：本を読んでいるよ。とてもおもしろいんだ。これは若い人たちに人気だよ。実際，私のクラスメートのほとんどが読んでいるよ。リサ，あなたはどんな種類の本が好き？

リサ：私は『指輪物語』や『ナルニア国ものがたり』のようなファンタジー小説が好き。

由紀：私は『指輪物語』を読んだことはないけど，映画を見たことはあるよ。すごくおもしろかった。

No. 46 総復習テスト(2)

❶ (1) languages (2) spend [use] (3) report (4) expensive (5) advice

❷ (1) sign (2) weather (3) question (4) difference (5) countries

❸ (1) island (2) neighbor (3) rainbow (4) passport

❹ (1) children (2) ourselves (3) been

❺ (1) since (2) temperature (3) crowded (4) done

❻ (1) ウ (2) ② turn ③ once ④ back (3) age

解説 ❷ (1)「この交通標識は『右折禁止』という意味です。」(2)「大阪の天気はどうでしたか。―くもって，すずしかったです。」(3)「健は私に質問をしましたが，私はそれに答えられませんでした。」(4)「あなたの考えとケイトの考えのちがいは何ですか。」(5)「世界には約200か国あります。」

❸ (1)「水に囲まれた1つの陸地」continent(大陸)でもよい。(2)「あなたの近くまたは隣に住んでいる人」(3)「空でそれを見ることができます。7色あります。」(4)「国に入ったり出たりするときに空港でこれを見せる必要があります。」

❹ (1)名詞の単数形と複数形。(2)代名詞の主格と再帰代名詞（-self の形）。(3)原形と過去分詞。

❺ (1)「私は2015年以来，中国を訪問していません。」for は「～の間」，since は「～以来」，as は「～として」。(2)「今日，午後1時の熊谷の気温は35℃でした。」weather は「天気」，experience は「経験」，temperature は「気温」。(3)「電車はとても混んでいたので，私はそれに乗れませんでした。」free は「自由な，暇な」，crowded は「混んだ」，safe は「安全な」。(4)「宿題はもうしましたか。―いいえ，まだです。」taken は take(取る)の過去分詞，written は write(書く)の過去分詞，done は do(する)の過去分詞。

❻ (1)**ていねいにお願いする Could you ～？が適切。ア**の May I ～？は許可を求めるとき，**イ**の Shall we ～？は誘うときに使う。(3)「～歳のとき」は **at the age of ～** でも表せる。

[会話の意味] 男性：すみません。市役所への行き方を教えてもらえますか。

大介：いいですよ。ここから近いです。この道をまっすぐ行って，2番目の角を右に曲がってください。左側に見えますよ。

男性：わかりました。あなたは英語がとてもじょうずですね。

大介：ありがとうございます。私は10歳のときにボストンに住んでいたので，少し英語が話せるのです。

男性：私は1度ボストンに行ったことがあります。とても美しい都市ですよね。

大介：はい，私はそこが大好きです。私はいつか戻るつもりです。